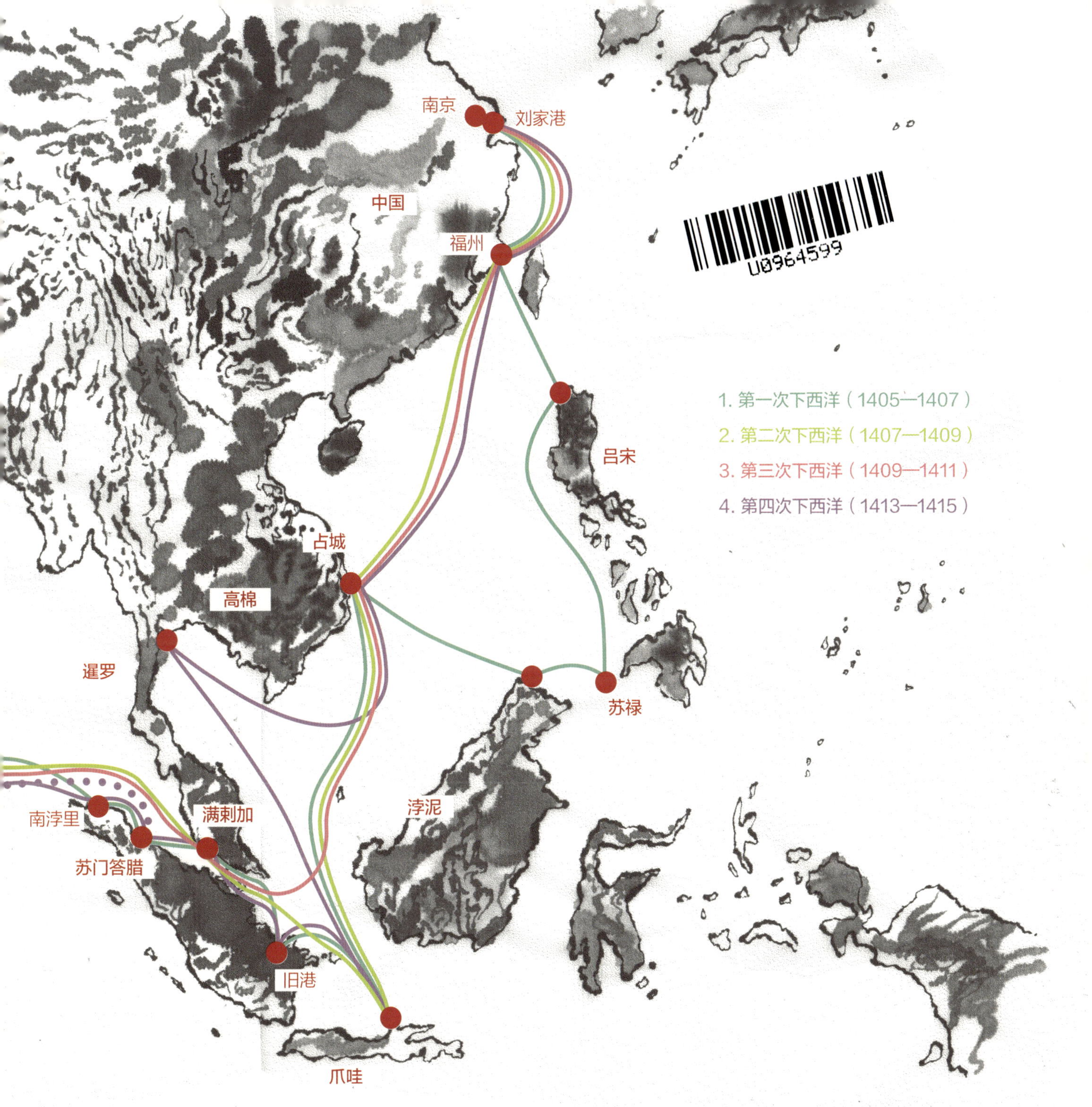

南京
刘家港
中国
福州
1. 第一次下西洋（1405—1407）
2. 第二次下西洋（1407—1409）
3. 第三次下西洋（1409—1411）
4. 第四次下西洋（1413—1415）
吕宋
占城
高棉
暹罗
苏禄
浡泥
南浡里
满剌加
苏门答腊
旧港
爪哇

浪花朵朵

换个角度看历史

郑和

翁琪 [德] 诺拉 · 弗里施 著
[德] 格雷戈尔 · 克廷 绘
林芳芳 译

贵州出版集团
贵州人民出版社

目 录

一位被遗忘的航海家

1405年7月，郑和率领一支强大的船队启程出海远航。这支船队拥有约200艘满载货物的船和近3万名船员。此次远航之后，郑和的船队又相继出海6次。这7次出海远航，前6次都是受明朝*的第三任统治者——永乐帝*朱棣的派遣进行的。每次远航，都要花费2年左右的时间在路上。他们沿着印度洋的海岸线一直航行到东南亚，甚至到达了非洲东海岸，共访问了30多个国家。从第一次出发到最后一次返程，这7次出海远航共历时28年。在这期间，中国是世界上最大的航海国家。

值得注意的是，郑和七下西洋既不是为了挑起战争，也不是为了占领别国和杀戮当地百姓，而是为了给当地人带去礼物。他们为什么要这么做呢？这项代价高昂且充满危险的任务背后隐藏着什么呢？又是出于什么原因，在郑和去世后，这个强大的船队会随之衰败呢？

七下西洋之后，用于建造宝船的图纸腐烂了，海上航行的记录也几乎全部遗失，曾经在船上工作的水手和士兵们被任命了其他工作，而曾经叱咤风云的海上将军郑和也逐渐被世界遗忘了……

注：所有带*的词语在本书末尾词汇表中都有解释。

郑和

元朝时期的中国航海
（1271—1368）

崛起的航海力量

郑和率领船队七下西洋的事迹发生在中国明朝时期。在此之前，中国处于由蒙古族*统治的元朝*时期。1271年，蒙古可汗*忽必烈称帝，建国号大元。次年定都今天的北京*，称为大都*，意思是“大汗之居处”。1279年，这个骑马的游牧民族在崖山（今广东崖门镇）消灭了南宋朝廷最后的抵抗势力，彻底统一整个中国。从忽必烈建立元朝，到他1294年去世，在他的统治下，元朝拥有了世界历史上最大的疆域，几乎横跨整个欧亚大陆。

作为骑马的民族，蒙古族拥有强大的陆军力量，但他们对出海毫无兴趣。在元朝时期，航海活动主要由中国商人私人进行，这些商人大部分来自中国南部的福建和广东。

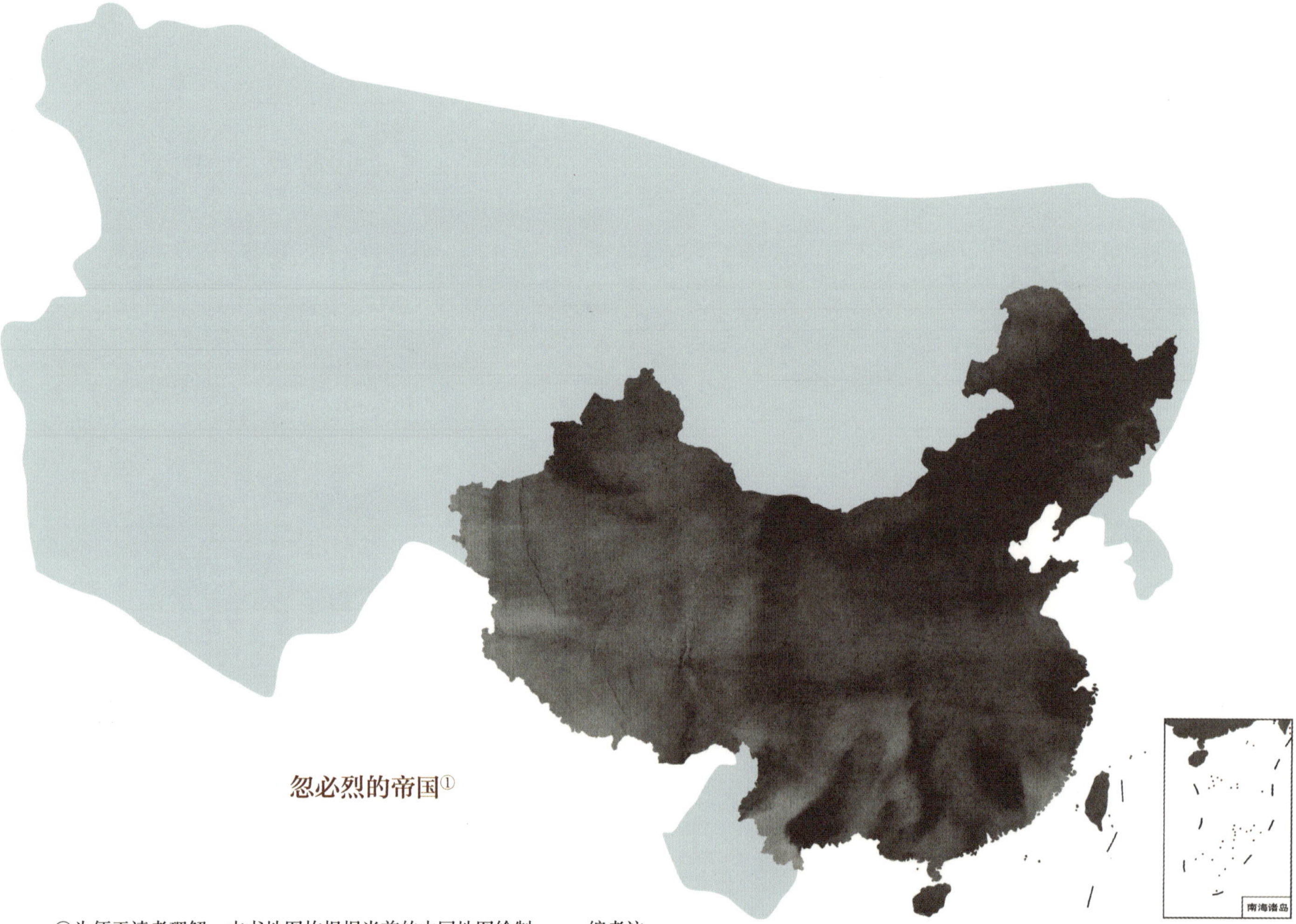

忽必烈的帝国①

①为便于读者理解，本书地图均根据当前的中国地图绘制。——编者注

注：本书插图均为原著插图。

忽必烈

忽必烈（1215—1294）是马背上的民族——蒙古族最著名的首领成吉思汗*的孙子，庙号元世祖*。他于1271年称帝，建立了统治中国近100年的元朝。

元朝时期的中国港口城市

元朝时期，蒙古人实行残酷的统治，他们奴役、压迫百姓。汉人被视为三等和四等人（一等和二等人是蒙古人和他们的盟友）。汉人不允许从事体面的职业，比如当官；并且在任何情况下都不允许拥有武器，挨打的时候也不允许自我保护。

与陆地上受压迫的生活相反，海洋对于汉人来说是自由的，因为蒙古人的法律在这里失效了。蒙古统治者的严酷控制仅限于陆地，除了少数海盗外，海上的汉人无须惧怕任何人。因此，在帝汶岛、班达群岛（今印度尼西亚）、马达加斯加、桑给巴尔、缅甸和印度，中国商人无处不在。

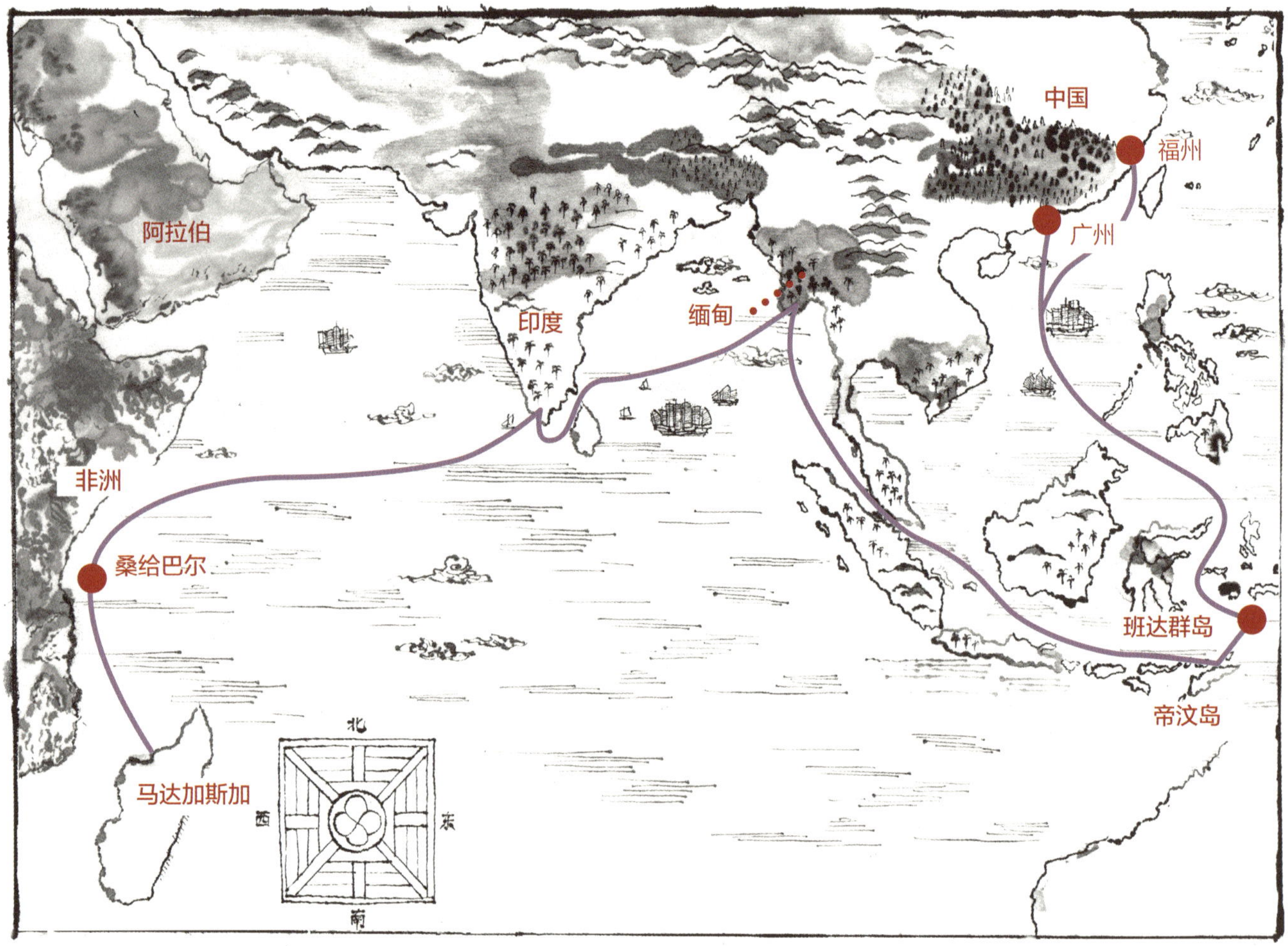

中国商人的海上航线

来自海外的珍贵物品

海上通商的航线有一部分是阿拉伯的香料商开创的，自2世纪以来，他们就已经在此航行做生意，后来这些航线也被印度和中国的商人使用。在元朝时期，中国商人使用的船只是当时亚洲海域上最大且航速最快的。相关资料表明，每艘船上有1000名船员（不包括乘客）和50—100间船舱，其中许多船舱设有独立卫生间和其他便利设施。

中国商人通过海上航行带回国的主要是在国内十分罕见的珍贵物品，比如象牙、珊瑚、珍珠、珍贵的木材、香料、草药和胡椒。他们主要用丝绸和瓷器来换取这些珍贵的商品，或者用金、银和铜币购买。

活跃的海上贸易使中国商人变得越来越富有，也越来越强大。因此他们能用金钱支持反抗元朝统治的人，逐渐削弱元朝统治阶级的影响力。

黄河*泛滥与红巾军*起义

1325年，黄河泛滥，淹没了大片农田，造成了大范围的饥荒。在这场灾难中，最受影响的是已经贫困潦倒的中原百姓。由于元朝政府无力应对这场导致800万人受难的饥荒，人们开始起义，越来越多的汉人开始反抗蒙古人的统治。

随后，发生在1330年和1340年的另外两次大洪灾摧毁了更多的农作物，使更多人陷入饥荒之中，百姓的生存状况持续恶化。1344年，黄河决堤，敲响了元朝统治的丧钟。1351年，超过10万名汉人劳工被迫去修整河道。白莲教*的成员利用这种情况，在劳工中组织反抗元朝统治的起义，并且取得了成功。

红巾军起义者

1351年爆发的起义，由于起义者都头裹红巾，因此历史上称其为红巾军起义。随后，越来越多的汉人开始反抗元朝的统治。

当时在中国，不仅汉人和蒙古人在争夺权力，汉人和汉人之间也在争夺权力。终于在1368年，一位名叫朱元璋的农民首领战胜了所有对手。作为红巾军唯一幸存的统帅，他带领军队占领了元朝的首都大都。元朝最后一位皇帝元惠宗孛儿只斤·妥懽（huān）帖睦尔出逃。

郑和

明朝初期

洪武帝朱元璋

统治元朝的蒙古人被驱逐了，胜利者朱元璋登上了皇位。1368年1月，他建立了大明王朝（也称明朝），年号洪武，意思是“强大的武力”。他将南京*定为首都，并在那里修建了宏伟的皇家宫殿。

洪武帝朱元璋——明朝的建立者

在中国，皇帝被视为天子，被尊奉为神。一旦登上皇位，皇帝的姓名就被忌讳提起，因为在人们看来，直呼天子的姓名是不合适的。在皇帝执政期间，人们有时使用年号来称呼皇帝。有些皇帝驾崩后会获得一个庙号*，或赞美或贬损，是后人对皇帝一生的盖棺定论，如朱元璋的庙号是明太祖。

长年的战争导致大地一片萧条。洪武帝下令重建城市和乡村，还要求在20年内种植10亿棵树木。他还下令大量开垦土地，每年都会开垦出数百万公顷的新耕地。有利的气候和优良的灌溉系统使水稻有了更好的收成，南方成为国家的粮仓。洪武帝的政策让越来越多的人能吃饱，人口数量也随之大幅增长。

洪武帝打败了他所有的敌人，并血腥镇压了国内的反对者。为了巩固统治，他毫不犹豫地下令杀掉所有对他构成威胁的人和可能阻碍他前进道路的人。他的猜忌造成4万多人死亡，其中主要是朝廷官员和他们的家属。

在梯田上种植水稻

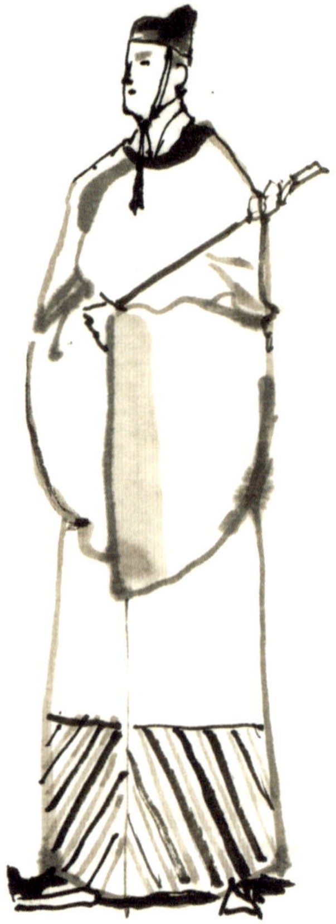

皇帝、商人和海上贸易

洪武帝决定利用海洋来巩固自己的统治。他派遣外交使团乘船前往日本、朝鲜、印度尼西亚和印度洋沿岸各国，向他们宣告自己登上皇位的消息。洪武帝还下令用战船来护送这些外交船只。

在洪武帝夺取政权之前，一些通过海上私人贸易致富的商人曾给洪武帝的对手提供过资助。洪武帝并没有忘记这一点，所以他和他的大臣们越来越忌惮这些海上贸易商的权力和财富。因此，洪武帝制定了相关法律，大力限制私人海上贸易，以便削弱这些商人的经济实力和影响力，防止他们成为朝廷潜在的敌人。从政治角度考虑，隶属皇帝的船只越多，就越能与私人商船相抗衡；但是从经济利益角度考虑，皇帝也不能直接禁止私人海上贸易。

洪武年间，儒家倡导的社会模式重新受到推崇。按照儒家思想*，人被分成四个等级：皇族、学者和官员构成了上层阶级，其次是

代表不同阶级的四种职业：
士、农、工、商

农民，再次是工匠，而商人处于社会的最底层。因而即便是家财万贯的商人，他们在倡导儒家思想的社会中也得不到尊重。商人的力量因此被大大削弱了。另外，洪武帝的出身是农民，这也是他要重建儒家思想所倡导的社会秩序的原因之一，因为在这种秩序中，农民颇受尊重。

儒家学说的核心思想是"人的和谐"，而且认为只有通过规范秩序才能实现。只有当社会成员遵守特定的社会规则时，个人才能获得充分的自由。因而要将社会成员分成不同的等级，以避免可怕的混乱。在儒家学者看来，教育在促进人的和谐中起着至关重要的作用，因此文官处于社会等级的最顶端。

古代中国社会被分成四个阶层，其对应的四种职业等级依次是：

学者和官员（士*）处于社会的顶层。起初，学者大都是贵族出身，管理军事与行政。他们享有乘坐马车的资格。在服饰和武器方面，他们穿着丝质长袍，携带双刃佩剑。这些特权使他们有别于其他社会阶层的成员。后来，非贵族出身的人也可以通过科举考试跻身学者和官员行列。

排在第二位的是农民（农*）。他们保障了社会的粮食供给。另外，土地所有者缴纳的税收是国家的重要收入来源，因此他们同样是一个备受尊重的阶层。尽管农民比学者低一级，但也有很多学者来自富裕的农民家庭。

工匠（工*）和农民一样，用自己的双手生产东西，同样是一个受人尊敬的社会阶层。不过大多数工匠并不是可以纳税的土地所有者，因此不能直接为国家增加收入。尽管如此，他们还是比不生产任何东西的商人更受尊重。

商人（商*）一方面是学者公认的社会不可或缺的阶级，另一方面却被置于社会的最底层，因为他们总是从他人生产的产品中获益，自己却不从事生产。他们不受重视的另一个原因是：他们经常被认为是贪婪和不道德的。

然而，随着时间的流逝，到了明朝后期，这些社会阶层之间的界限也在逐渐消融。

为了宣扬威德的航行

洪武年间，主宰大海的不再是中国的商船，而是皇帝的外交船只。他们出海的目的只有一个，就是向外宣告中国的世界秩序，因为古代中国人认为生活在中国之外的外族人都是蛮夷。他们要向尽可能多的国家宣扬中国皇帝的强大，使他们承认其是上天的儿子。中国皇帝认为自己是全世界的统治者，所以他把世界其他地方的人也视为自己的臣民。作为臣民就必须向他的统治者纳税，中国皇帝也要求所有在他势力范围下的国家定期上交贡品（金钱或商品）——这种方式被称为朝贡*。

作为回报，如果朝贡国发生战争或者自然灾害，中国的皇帝会向他们提供保护和支持。

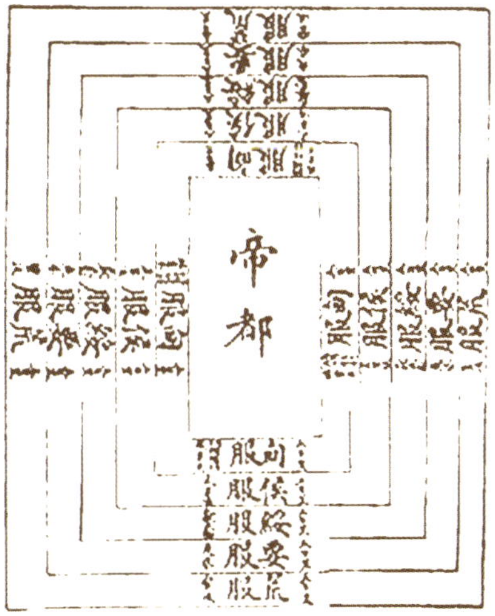

中国人的世界观

过去，“中国”的意思是“位于中央的帝国”——这种说法源于古代中国人的想象，他们认为中国是世界的绝对中心。

在古代中国人看来，在中国的中心，端坐着皇帝，他的上方是赋予他统治权的天庭。古代中国人把中心之外的世界划分为三个区域：第一个区域是日本、朝鲜和今天越南的部分地区；第二个区域是西藏、蒙古和中亚草原；第三个区域是除此之外的其他国家和地区。古代中国人认为，在地理位置上越接近中国的地区，文明程度越高，距离越远则未开化的程度越高。

中国皇帝为了彰显自己的权力和无限的财富，每次都会赠送朝贡者昂贵的礼物，这些礼物的价值通常远远高于他们朝贡的物品。有些历史学家猜测，当时很多外国商人会假扮成他们国家的使者来朝贡，并假装承认中国的统治权，目的却是从中牟利。朝贡的礼仪相当烦琐且费时——朝贡者根据所代表国家的未开化程度依次呈上礼物，他们经常得等上很长时间才能完成贡品的上交仪式。

洪武帝的官员成功地向世界传播了中国的辉煌与荣耀。而他的儿子，皇子朱棣——后来的永乐帝，并不满足于此。他想要向更多的国家宣扬中国的强大和富有。因此，他派遣了一支庞大的船队出海，而中国也因此成为当时世界上海上力量最强大的国家。

向皇帝朝贡

皇权下的郑和

洪武帝的儿子和孙子

朱棣是洪武帝的第四个儿子，于1360年5月2日出生。尽管朱棣的长兄朱标*被立为了太子，但洪武帝让所有的儿子都接受了同样的教育。年轻的皇子朱棣很快就被公认为是洪武帝26个儿子中能力最强的。1380年，20岁的朱棣被派往北方，管理以北平*为中心的燕地，并继续防御蒙古人。（北京在当时被称为北平，意思是“北方平定”，以纪念成功驱逐了蒙古人。）1384年，一个名叫马和的男孩进入朱棣的王府听差，男孩约13岁，刚刚成为宦官。

马和，也就是后来的郑和，大约于1371年出生在位于中国西南地区的云南昆阳*（今云南昆明），回族*人。据一些史料记载，他的家人是虔诚的穆斯林，其中一个证据来源于他的姓氏，因为当时中国的很多穆斯林都姓马。据说，马和的父亲和祖父都曾到圣地麦加朝觐。

1381年，明朝军队进入云南，目的是彻底消灭躲藏在当地的前朝支持者。马和的家族曾效命于一个由蒙古人任命的云南长官，明朝军队因此惩罚了他们：马和的父亲被杀，马和也成为400多名囚犯中的一员，并被处以阉刑。在这种痛苦而危险的刑罚中幸存下来的人，不少都进宫做了宦官。马和也不例外，他被分配给皇子朱棣做仆人。

在接下来的20年里，马和与朱棣一起在中国北方边境对抗蒙古人。据说，马和身高超过2米，说话声音像雷声一样洪亮。他既是骁勇善战的战士，也是富有谋略的领导者，因此慢慢地获取了皇子朱棣的信任。

1392年，朱棣的大哥——太子朱标去世。此时，随着洪武帝年纪渐长，他变得越来越喜怒无常、难以捉摸，甚至连自己的儿子都不信任。他既没有立二儿子朱樉*(shuǎng)为太子，也没有立其他儿子为太子，而是直接指定他的孙子朱允炆*，也就是已故太子朱标之子，作为他的继承人。1398年，洪武帝去世，他年轻而缺乏经验的孙子朱允炆登上皇位，年号建文。

为了保护自己，建文帝*继位后不久，就开始试图控制可能对他构成威胁的人。他甚至不让他的叔叔们参加洪武帝的葬礼，这使得朱棣起了反抗之心。与此同时，在与蒙古人的斗争中，年轻的马和早已成长为朱棣身边忠诚且足智多谋的军事指挥官。

1399年，在北京郊区的郑村坝*发生了反抗建文帝统治的关键性战役。指挥官马和为战役的胜利做出了巨大贡献。为了奖励他的忠诚和勇敢，朱棣登上皇位后，赐给了他一个汉族姓氏——郑，以此纪念郑村坝战役的胜利。这对于马和而言是莫大的荣耀。

郑和，又名马三宝。有人推测“三宝”这个名字与宦官的官职有关；也有人认为，很可能只是因为郑和是马家的第三个孩子，名字的寓意是“家里的第三个宝贝”。

也有人称他为马三保，如果是这样，那么他的名字就与“宝贝”无关了。

此外，三宝（保）这个名字的译音“Shaban”还引发了部分学者的猜测：郑和很可能是传奇水手辛巴达（Sinbad）的人物原型。

建文帝能逃走吗？

建文帝的统治并没有维持多久，经过4年的皇位争夺战，他的叔叔朱棣把他赶下了台。

年轻的建文帝可能葬身于1402年7月13日的宫廷大火之中，然而没有确切的证据显示发现了他的尸体。因此，民间一直传言建文帝乔装成乞丐逃出了南京，还有人声称曾在某些地方见过他。据说，建文帝的生死不明使得朱棣在统治期间一直笼罩在侄子会回来复仇的恐惧之中。甚至有人认为，朱棣后来派船队出海也是为了寻找建文帝的下落。

郑和

永乐帝朱棣

残忍的复仇者

建文帝失踪后的第四天，朱棣开始了他的统治。1402年7月17日，朱棣登基，年号永乐，意思是“永恒的安乐”。永乐帝的登基，对马和的人生产生了决定性的影响。

永乐帝像他的父亲洪武帝一样，对他的政敌——建文帝及其追随者进行了残酷的报复。他将建文帝所有的儿子和兄弟贬为庶人，还将建文帝的谋臣以及他们的家人尽数残杀，据说多达2万余人。

永乐帝

伟大的建设者和文化促进者

尽管背负着种种暴行，但永乐帝仍是一位值得载入史册的伟大皇帝。1403年，他委派147名学者将当时的所有科学文化知识收集整理在一起，编纂成中国第一部百科全书——《永乐大典》，据说后来参与编修和收集资料的学者多达2万余人。

这部大型百科全书于1407年编写完成，全书共22877卷、11095册，要用300米宽的书架才能装得下。时至今日，《永乐大典》全书只保存下来近400册原本，是整部作品中极少的一部分，准确地说仅仅占了整部作品的4%！其他卷册为何遗失，至今成谜。

一位学者在编纂《永乐大典》

此外，永乐帝还是一位伟大的建设者。他下令在今天的北京南部建造了举世闻名的天坛*（后世曾重修改建）以及其他诸多寺庙。

北京天坛的祈年殿

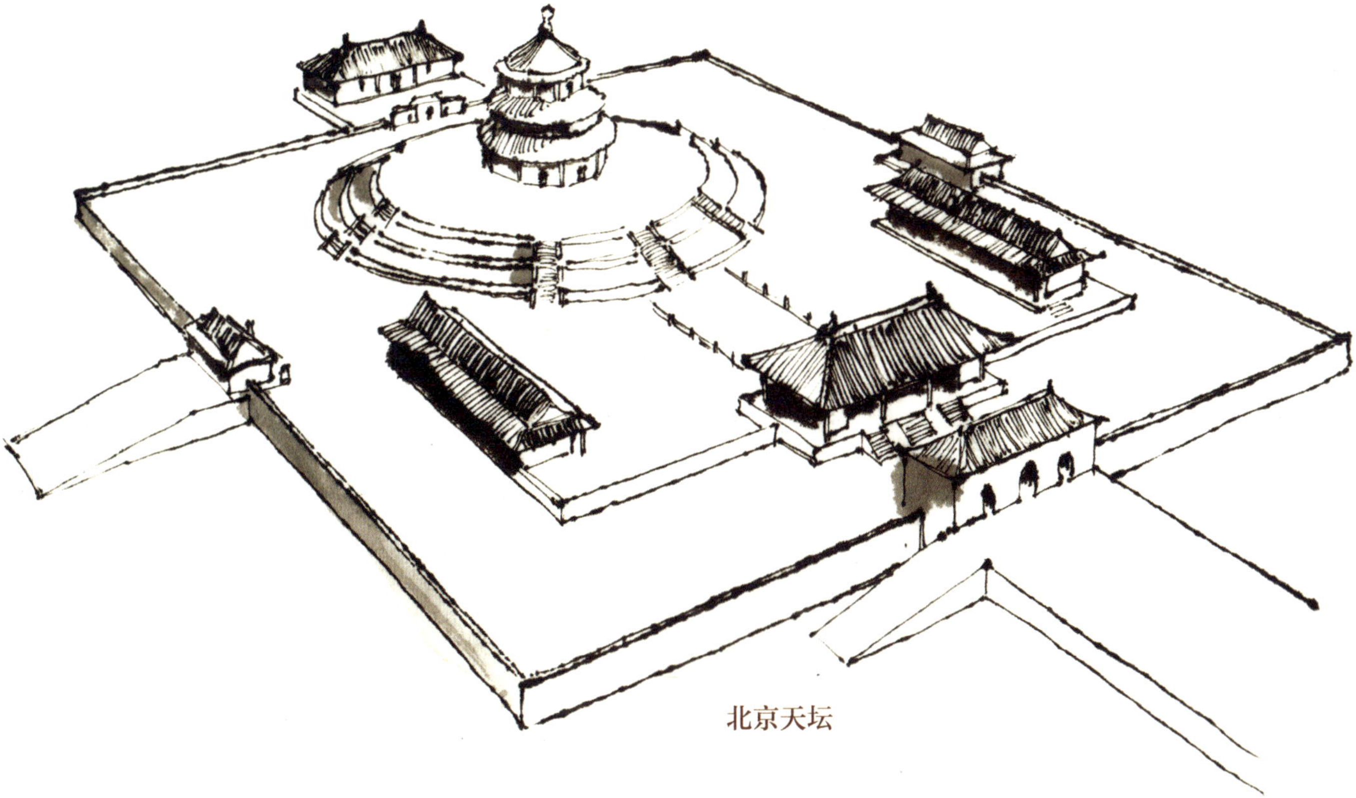

北京天坛

天坛是一个大型的祭天建筑群。新年的第一个月，皇帝会来这里祭祀皇天，祈求丰收。天坛暗含了中国人对“天圆地方”的想象：在长方形的场地上伫立着建筑群的主建筑——祈年殿。祈年殿建在一个三层的圆形大理石露台上，高38米，是北京的标志性建筑。此外，连接南北祭坛的通道——丹陛桥，以及回音壁，都是颇为壮观的建筑。

1998年，天坛被联合国教科文组织列入世界文化遗产名录。

眺望紫禁城的屋顶

不过，他下令建造的最奢华的建筑还是他位于北京的皇宫——紫禁城。为了更好地抵御仍充满危险的蒙古人，朱棣认为应该迁都北方，迁到北京去。但是，永乐帝不想住在之前元朝统治者住过的旧皇宫里，因为他嫌那里不够华丽。于是，他把旧皇宫夷为平地，并在此基础上建造了比旧皇宫大一倍的新皇宫，以此彰显汉族统治者的富有与国家的强盛。

故宫*位于北京的中心。和天坛一样，故宫也处处体现着中国人的世界观：复杂的建筑群沿着南北轴线铺开，皇帝的龙椅所在的宫殿正好位于巨大长方形建筑群的中心。故宫占地面积72万平方米，相当于103个足球场那么大，有近900座建筑，共9999间半房屋，因为传说天上的神仙才住1万间房屋，所以不能超过这个数字。宫殿的屋顶部分是金色的，大部分覆盖着黄色琉璃瓦，因为黄色象征着皇权。护城河和3000多米长的朱红色宫墙环绕着整个建筑群。由于“紫微宫”是帝王宫殿的代称，并且古代普通百姓被禁止入内，所以故宫又被称为“紫禁城”。

这座巨型的宫殿建筑群及其辉煌华丽的布置能在仅仅14年内完工，要归功于大量劳动力的投入：据说，近100万劳工以及被迫服役的军人、农民和囚犯，还有超过10万名工匠，共同完成了故宫的修建。

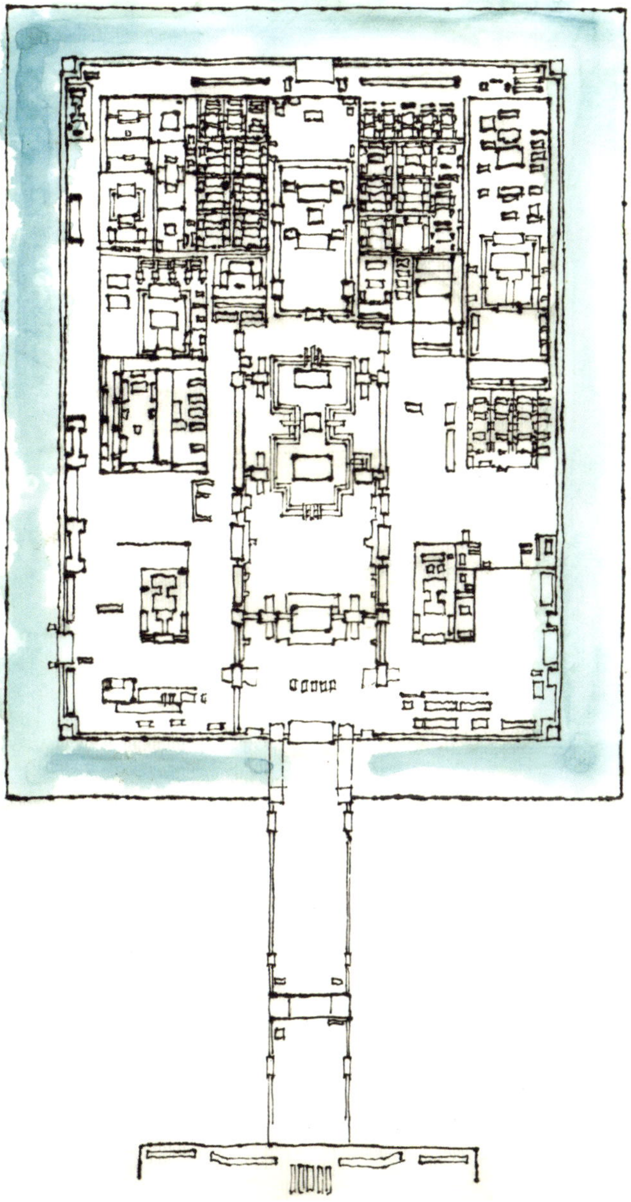

宫殿建筑群

只有一个建筑的修筑计划彻底失败了：永乐帝想在南京立一块巨大的石碑来纪念他的父亲，但他规划的石碑立起后高达75米，甚至连碑座都无法从阳山采石场运出来。根据相关资料记载，碑座长30多米，宽16米，高13米，重达1.6万吨，至今它仍陈放在原地。

纪念碑的碑座实在太重了

京杭大运河

为了让粮食从中国富饶的南方快速且安全地运送到新都城北京，永乐帝下令重修并延长了当时的南北大运河（今京杭大运河）。这样一来，来自南方的粮食储备就不会在暴风雨中受损，或者像以前一样被海盗劫走，因为船只不再需要沿着海岸线航行。

自1406年起，永乐帝居住在北京的时间越来越长，因为他要监督故宫的建造。也是在这一年，明朝开始参与安南国（今越南）王位继承权的争夺战。通过大运河上的快速运输路线，官员可以及时地向皇帝报告战争的最新进展情况。运河还确保了朝廷能够反方向快速向南方输送武器和士兵。

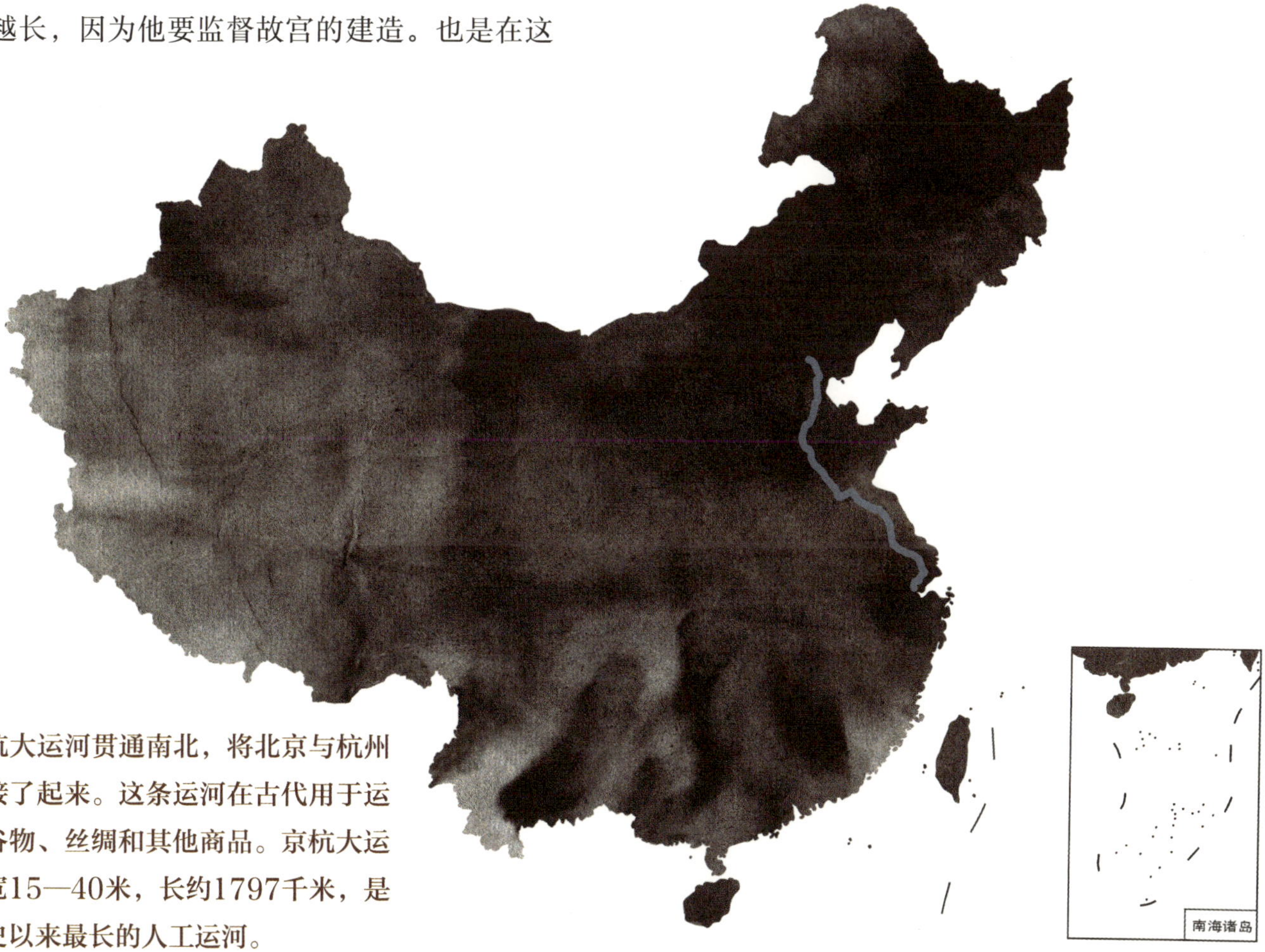

京杭大运河贯通南北，将北京与杭州连接了起来。这条运河在古代用于运输谷物、丝绸和其他商品。京杭大运河宽15—40米，长约1797千米，是有史以来最长的人工运河。

郑和

宝船现身

巨型船队

然而，永乐帝最奢侈、最令人印象深刻的成就是建造了巨型宝船。1403年，他下令建造出海船只，并任命郑和为未来船队的指挥官。这对郑和来说是莫大的荣耀，也是一项艰巨的挑战，因为人类历史上还从未建造过如此巨大的木船。郑和组织并监督了船只的建造，称其为“宝船”。

宝船是有史以来在海上航行的最大帆船，因此必须先建造船坞和造船厂，还必须琢磨出一套全新、精湛的造船技术。根据周密的设计方案，人们采购并加工了大量木材。为郑和第一次出海而建造的62艘全副武装的巨大宝船，仅仅用了三年时间就完成了。加之众多护航的小型战船、补给船和货船，1405年，永乐帝用于出海的船队共有船255艘。即使把那个年代所有的欧洲战船放在一起，也只相当于这支大型船队的一小部分！

传统的中国帆船船体平坦，侧壁几乎垂直，船身呈箱形，船头和船尾通常较高。船舱板互相重叠，固定在船的支架上，从而很好地保护船只免受水的侵入。大多数四方形的船帆用竹条加固以增强稳定性。

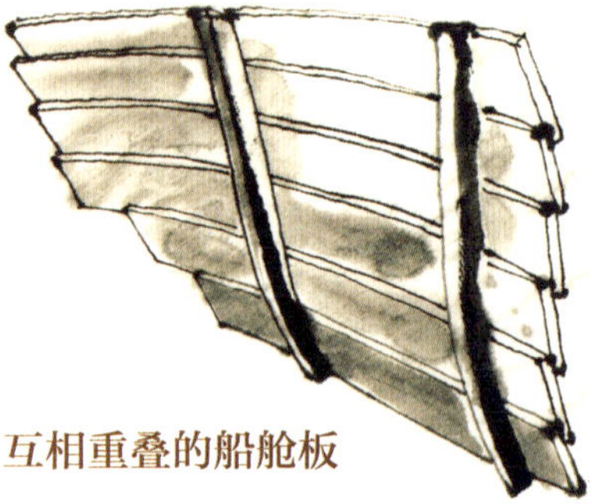

互相重叠的船舱板

用竹子加固的船帆

传统的中国帆船

当然，随同宝船出行的许多小型船只就不需要花费重金建造了。人们把一部分现有的船只送到造船厂改造，使它们适宜出海远航。

高昂的造价和深远的影响

但是，建造宝船船队的成本是极为高昂的：历史学家们已经计算出，永乐帝——当时世界上最富有，统治着人口最多的国家的帝王——单单为建造船只就支付了价值150多万吨粮食的白银。而其他的花销，比如船上的设备、人员的报酬和供给以及许多随船装载的宝物等还未计算在内。

仅仅是建造一个这样的“巨型漂流物”就需要木材无数。相关记录显示，1765年英国建成的海军旗舰“胜利号”（HMS *Victory*）共耗费了2000余根原木，而建成一艘宝船需要的原木数量大约是胜利号的3倍。为了建造这支巨型船队，大片的森林被砍伐干净，树干被运到南京附近的长江干船坞*。

英国海军旗舰“胜利号”（HMS *Victory*）

明朝时期大规模的森林砍伐——仅仅为了完成永乐帝的造船计划——已经彻底改变了中国部分地区的景观地貌。许多地区因此变成不毛之地，后来再也没能恢复过来。对今天中国的环保部门而言，治理遗留的环境问题仍然是一项非常艰巨的任务。

南京附近的干船坞里正在建造宝船

可翻转的船桅增大了船帆的面积

桅、帆、舵和舱

当时详细描述宝船的文献和图片几乎没有留传下来，现存所有描绘宝船的图纸和版画皆出自后世。因此，当今天的科学家试图根据现有的稀少线索来重构宝船奢华的构造方式、规模和外观时，他们必须要像侦探一样工作。1957年，考古学家在南京附近的龙江宝船厂进行发掘工作时，发现了11.07米长的巨型舵杆。于是他们推算，与此相接的舵叶面积大约有42平方米。关于宝船的大小和构造方式，今天人们能够肯定的是：最大的宝船配有多达9根船桅。按照中国传统，船帆由红绸制成，以竹制的横梁加固。船桅设计得非常精巧，使船帆能灵活地捕捉到风。而且，人们可以将桅杆斜着向外翻转，使由柱子支撑的纵帆呈扇形分布，从而增大船帆的面积。

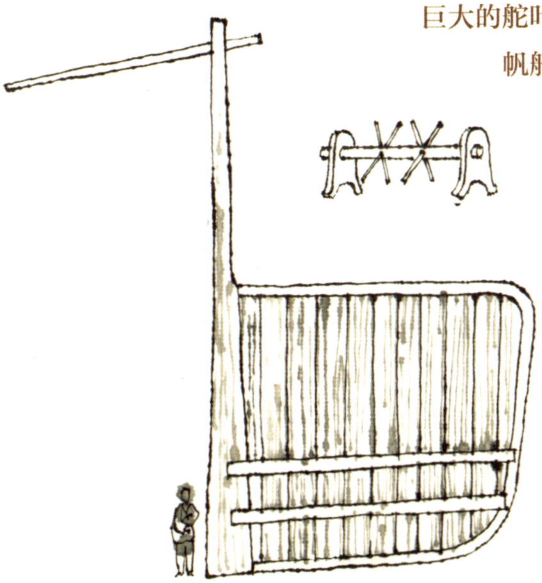

巨大的舵叶控制着帆船的航向

与呈梯形或直角三角形、横着安装的横帆*不同，纵帆是沿着船的纵轴安装的。因此，帆船也能够逆风斜向航行，不再需要等风从后方吹来才能开动。

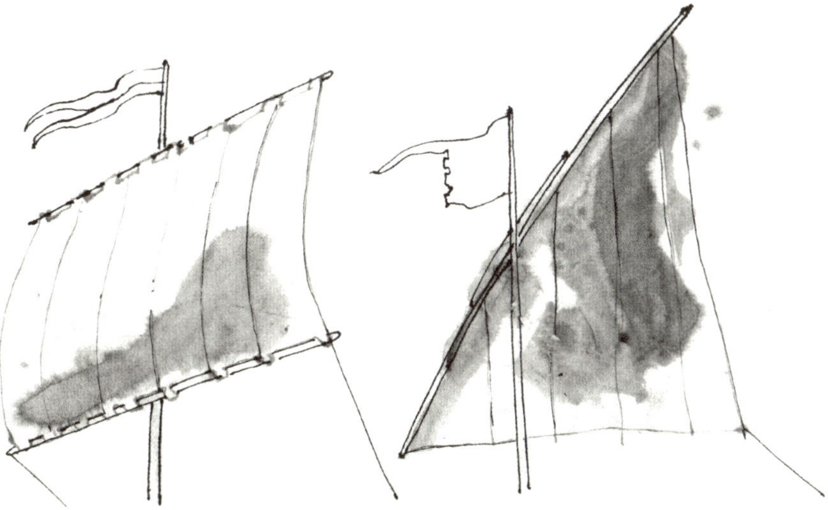

横帆

纵帆

在南京的干船坞建造的宝船虽然体积庞大，但是船体必须非常薄，因为长江口当时只有7米深（直到1997年，人们才将长江口挖深到10米左右，以便大型集装箱船能够直达上海港）。这种体积庞大的船，只有船体足够薄，才能保证6米的吃水。为了减少船只搁浅带来的伤害，有些船只装配了称作“龙骨”*的构造，它们事先被装在了整艘船的底部。

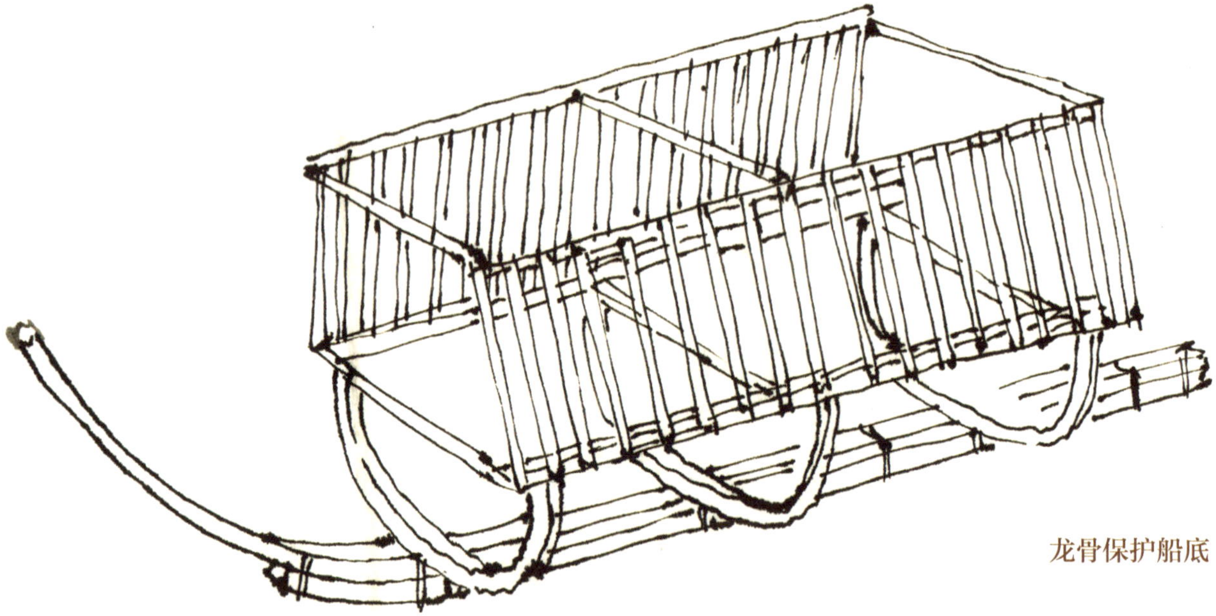

龙骨保护船底

根据考古资料测算，宝船的排水量可达到2500—3000吨。为了能够漂浮，一艘船的排水量必须正好相当于它的自重加上船上人员和货物的重量。这就意味着，宝船在满载的情况下大约要达到3000吨的重量。

为了让这一沉重的庞然大物适宜远洋航行，中国人在建造船身时采用了舱壁结构这种船体结构。这种造船方式能够防止发生漏水的船只迅速下沉。在今天的造船业中，这项技术已经成为行业必备的技术。欧洲掌握这项技术比中国晚了约500年。

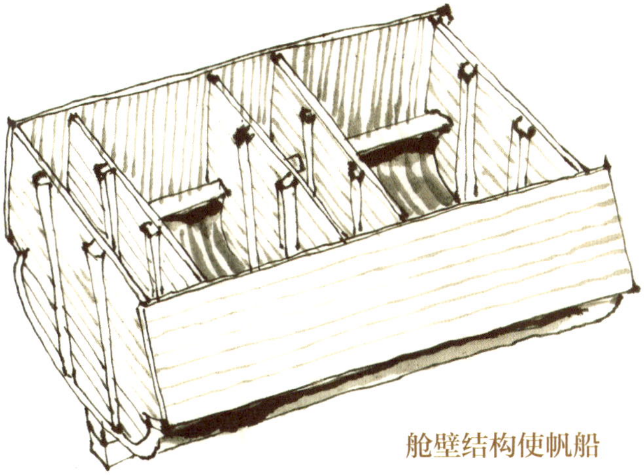

舱壁结构使帆船适宜远洋航行

舱壁是可以将船体分隔成若干不透水的密闭舱室的横隔壁。帆船腹部的一些部分是彼此完全分隔的，每个舱室都只能从甲板进入。舱壁结构可以防止帆船因快速地灌满水而下沉。而且，这种建造方式使船体更稳固，这对于船体较薄的帆船来说尤为重要。古代中国人发明这项技术是参考了竹子的内部结构，它们彼此完全隔离的竹节就是舱壁结构的天然模板。

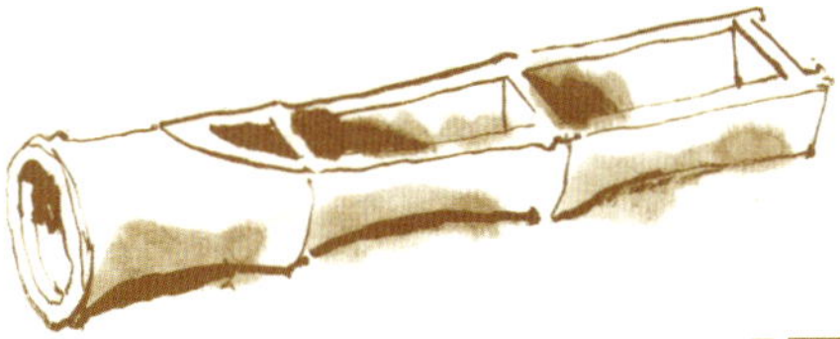

海上的庞然大物

船上人员的数量也为计算宝船的庞大体积提供了线索：除了1000名船员和士兵，船上的空间还能供300名乘客自如活动。当然，根据干船坞的规模，同样能估算出在这里建造的船舶的大小：因为建造宝船的两个船坞大约有70米宽，所以有学者猜测，宝船的宽度可达50米；还有一些研究者根据船坞的大小，测算出宝船的长度可达140米！不过也有一些研究者提出了质疑：中国在当时真的能够建造出这么大规模的木船？他们认为，如果宝船能达到65—80米的长度，就已经足够令人震撼，现代重建的仅63米长的宝船就清楚地说明了这一点。

宝船的现代仿制品

无论如何，这些庞然大物都是漂浮着的宏伟建筑：宝船共分为四层，里面有装饰奢华的大厅，用于接待外国使节。来自摩洛哥的旅行家伊本·白图泰（Ibn Battuta）描述道，宝船上有不同大小和构造的舱室——从水手们的简单房间到装饰奢华的套房应有尽有。带有独立浴室和厕所的舱室是为级别很高的官员和指挥官准备的，比如提督、领航员或者使节。船队其他人员则分散到其余近200艘的中小型随行船只上。

宝船上的豪华套房

借助鼓、哨、钟和信鸽来传递信息

保持正确的航向

为了让船队保持正确的航向，宝船建造者除了在船上安装了旗帜，还特别设置了声音信号物，比如鼓、哨和钟，这样人们即使遇到浓雾、狂风等恶劣天气或者激战等情况时也能够保持船队阵形。此外，船只之间还会用信鸽来传递信息；或者放飞彩色风筝，用不同的颜色和飞行高度来代表特定的信息符号。

当时，人们已经可以借助指南针实现海上导航。海员们还可以借助星盘（一种简单的六分仪*）来辨认一些天体，比如北极星和位于南半球的南十字星，从而确定船的方位。

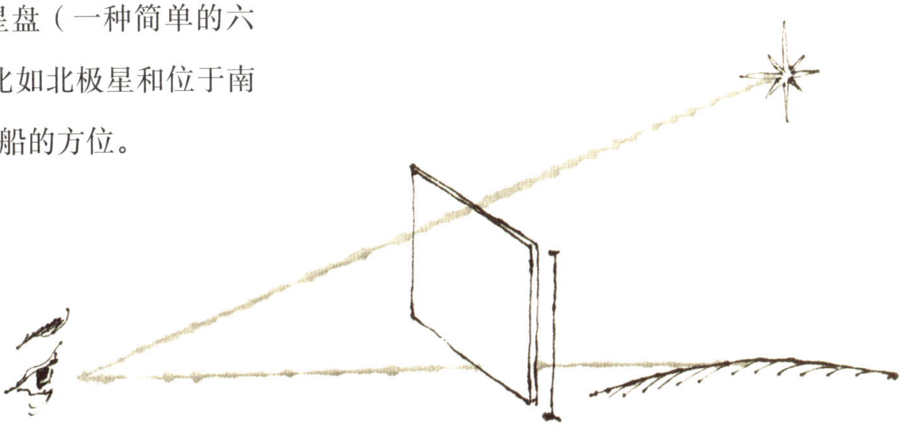

让星盘正好卡在视野中的天体与海平面之间，根据所使用的星盘的高度，可以确定船只在海上的位置。

不同大小的星盘

指南针与造纸术、火药和印刷术并称为中国的“四大发明”。中国古代的指南针有多种形态，和我们今天使用的指南针有所不同。有一种指南针叫作“司南”，是现代指南针的始祖，它的指针呈勺子形状，勺柄部分指向南方。

指南针的一种

虽然郑和使用的航海图上没有十分精确的定位点，但它显示船只必须以精确的4.8节（“节”表示航海速度，1节等于每小时1海里，1海里等于1.852千米）的速度航行。此外，船员们还要根据航海图，在某个准确的时刻改变航向。只有严格遵守上述两条规则，船只才能沿着航海图预定的航线航行。

在靠近海岸的地方，领航员以醒目的地标作为导向。这些地标已经被中国商人和航海家们在地图上详细地标了出来。随着海上商人对地图的不断扩展和补充，郑和的航海图几乎汇集了当时所有的地理知识。

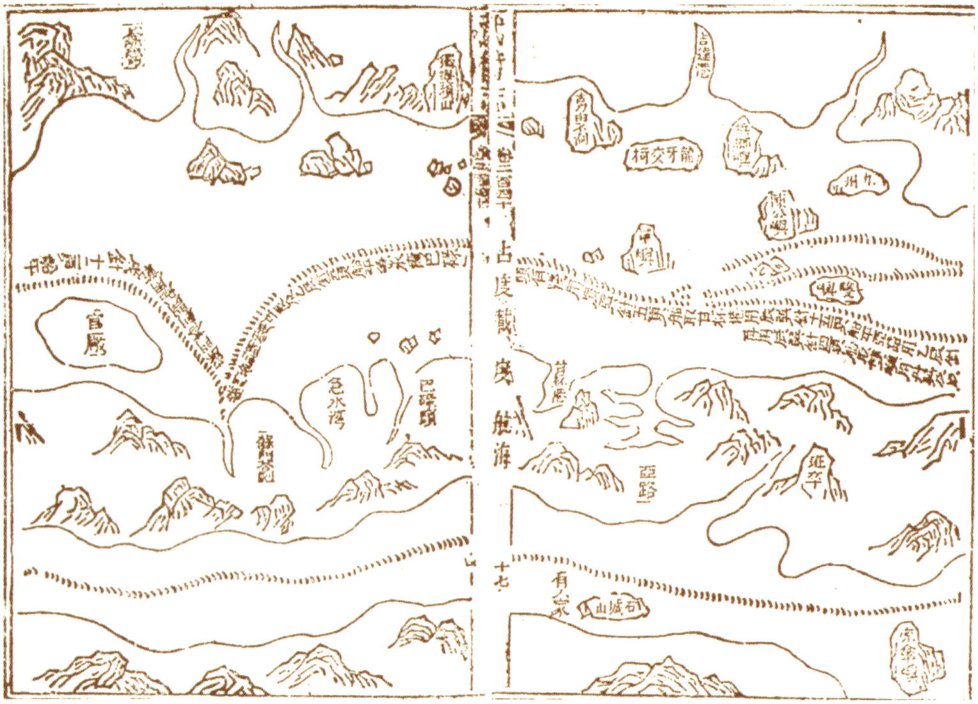

郑和的航海图

郑和使用的航海图与我们今天的地图和航海图不同，既没有标明方位，也没有准确的地理描述，也未使用经度和纬度。当时，人们根据河流和道路的走向来描绘已知的世界。因此，人们借助地图上标注的定位点来确定航线，在一些地图上甚至详细标注了珊瑚暗礁、沙洲和其他浅滩的位置。

各个领域的专家

船队中，除了几十名发号施令的海员、船长、提督、领航员和舵手，其余2万余人主要由受过良好训练的士兵组成。船上还有官员、农民、木匠、厨师、裁缝、修帆工和制绳工。此外，船上的“气象学家”和风水师*会预报天气，“天文学家”和绘图师会确定帆船的位置；同外国人进行交流和商谈时，有翻译和使节；还有典礼官来祈求天神的保佑，编年史官*负责记录航行的日志；还有多达200名的“植物学家”“药学家”和医师，他们不仅负责保障人员的健康，还要向外国人学习植物、草药及其使用方面的新知识。

船上除了手工业者、海员和士兵，还有各行各业的专家

海上航行往往长达数月，人员又很多，所以必须保证食物和饮用水供应充足。这个艰巨的任务由供给船负责。供给船上饲养着动物，种植着谷物，以确保船上的伙食供给。

供给船上培育有富含维生素C的豆芽，从而成功地抵御了危险的远洋航行疾病，甚至连欧洲远洋航海家非常畏惧的坏血病*也没有出现在这些中国探险者身上。

坏血病是一种危险的维生素缺乏症，由缺乏维生素C引起。通常船只在海上航行2个月后疾病才暴发，病人首先出现的是牙龈出血、牙齿掉落、发热和腹泻等症状。如果人体长期缺乏维生素C，坏血病将会引起肌肉萎缩，甚至引发心力衰竭进而死亡。

长期以来，坏血病是海员的常见死因，因为在海上的他们从饮食中摄取的营养非常单一，很容易缺乏维生素。在欧洲，直至18世纪，英国海员才首次证实，坏血病可以通过食用柑橘类水果来防治。

随船携带的土壤为海上
航行提供新鲜的食物

奉旨出航

宝船上载有数吨质量上乘的财宝和珍贵的中国商品：织锦、彩纹丝球、青花瓷、印花棉布、贵金属、铁器、漆器、水银、伞、胡椒、檀香木、宝石、草药和其他药物以及龙涎香和珍贵的天然树脂（包括一种用以混合颜料和漆的龙血树脂*）。在航行途中，这些物品被用来交换其他商品，或者出售，或者作为赏赐。

龙涎香是一种产自抹香鲸肠内的黑色或阴灰色蜡状物质，抹香鲸通常会将它排出体外。经过多年的海水浸泡、光照和接触空气，龙涎香能散发香气，因此人们很早就喜欢用它来制作香料。

与100多年后出现在异国海岸上的葡萄牙和英国航海者不同，中国人并不想对所探访的国家进行殖民或者侵占，他们的使命更加和平。尽管如此，古代中国人航海的重要目的还是扩展其经济和政治势力，加强贸易。这就意味着他们必须将海路从走私者和海盗手中解放出来。此外，他们认为重要的战略要地也应当处于中国的控制之下，比如马六甲海峡*——对于航海家来说，这条海峡具有非常重大的意义，因为在这里既能够得到补给食物和饮用水，还可以赶上继续航行所需的东北季风*。

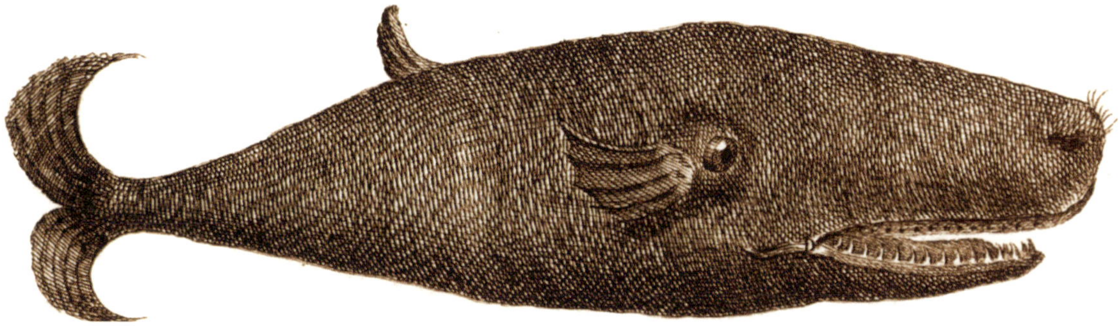

龙涎香产自抹香鲸的消化道

古代中国人认为，本国优越的文化和雄厚的财富足以令外国人叹服，以至他们自觉自愿地听候皇帝的差遣，向皇帝朝贡。因此，这艘装载着丰富物品的宝船——这个巨大、奢华又庄严，并蕴含着无与伦比的航海技术和工艺的杰作——在建造和装饰时充分考虑了它的外交使命，甚至在船头绘上了巨大的眼睛。

虽然皇帝的使节威严赫赫，但他们还是遇到了顽固不化、难以驾驭的当地统治者。有些统治者并没有被中国明朝展现的强大阵势所震慑，他们拒绝臣服于中国皇帝。但是，他们不得不承认，当遇到同海盗作战的情况时，中国的船员和船只都是装备最精良的。船上的官兵备有充裕的铠甲，他们的快速发射武器（如机械枪）在作战时非常有用：可以在15秒内连续发射20颗浸过毒药的柱石，射程竟能达到100米！宝船还配有大炮和投掷器，用来发射由燃烧的石油制成的炮弹。因此，这支配备着重型武器的船队已做好随时战斗的准备。

燃烧的炮弹从大炮和投掷器中发射出去

皇帝的宝船出现在地平线上

当然，多数情况下，巨大的船队所营造的强大景象已经足以震慑住所到国家的人民：当这60多艘张满风帆的庞然大物带着近200艘中小型帆船出现在地平线上时，这座“漂浮的城市”呈现出一幅壮观的景象，几乎没有哪个外族还会想到抵抗。

郑和

第一次下西洋

（1405—1407）

宝船入海

1405年7月，南京的干船坞开闸灌水，使巨大的船只可以沿着长江顺流而下驶入大海。船队在刘家港*集结。郑和将小船、灵活的战舰和带有菜园、水箱和牲畜笼子的补给船，以及运载船员和商品的船只进行了分组。据推测，这些船只按照固定的队形展开航行，并簇拥着富丽堂皇的宝船。

这支配备着最先进的技术设备、最优良的武器和大量士兵的船队，搭载着数量众多的专家、丰富的食物、沉甸甸的礼物以及将要呈递给其他国家统治者的密封国书，准备从刘家港启航了。在进行这次漫长而危险的航行之前，这些探险者还想得到天神的庇佑。于是，在供奉了无数祭品并进行祈祷之后，船队于1405年7月11日起锚了。

船队首先从刘家港向南航行，8周后，到达位于今天中国东南沿海福建省的大型贸易港——太平港。在这里，更多在福建建造或改造的船只加入到船队之中。船队在这里再次进行了祈祷和祭祀，补充饮用水和口粮，将更多的武器和士兵带上船，同时等待东北季风的到来。

探险之前祭祀神灵

和平使命

5个月后，季风来临，郑和终于能够奉旨远航了。这次远航的第一个目的地是吕宋国，隶属于今天的菲律宾。船上随行的有吕宋国和浡（bó）泥国（今文莱一带）的使节，这两个国家都有义务向明朝政府朝贡。这些使节之前到中国来向皇帝进奉贡品，如今他们可以利用这难得的机会，跟随宝船返回他们的祖国。

对于船长们来说，漫长的行程只不过是例行公事。他们当中的很多人都曾经驾驶大货船沿着传统的贸易路线探访过东南亚和印度洋国家——有些人甚至抵达过阿拉伯和非洲海岸。

9天后，船队到达吕宋国。郑和向国王递交了永乐帝慷慨赠予的礼物，并且表达了两国继续保持友好关系的愿望。吕宋国王被这支由250多艘船只组成的庞大队伍征服了，为他的小国能受到强大中国的庇护而感到非常高兴。

随行官员向吕宋国王
展示赠送的礼物

这对吕宋来说意义重大，因为多年来这一带战争频发：早在1367年，苏禄（今菲律宾的一部分）就发动了侵略浡泥的战争。绝望的浡泥国王最后只能向永乐帝求助，请求他促成浡泥与苏禄之间的和平。永乐帝的使节郑和出色地完成了这一重任：1405年，这两个曾经的敌国在持续了近40年的战争之后终于实现了和平。

3年后，浡泥国王麻那惹加那乃*来到中国，亲自向永乐帝表达谢意。他是明朝时期第一位访问中国的外国统治者。浡泥国王的来访令永乐帝坚定了自己的信念：只需通过宣扬伟大的中国文化和怀柔政策，而不是暴力，就能够说服远方国家心甘情愿地臣服于自己的统治。

可惜在南京期间，麻那惹加那乃国王身患危急的重症，仅仅28岁就去世了。随后，永乐帝册封他4岁的儿子为浡泥新国王。麻那惹加那乃的坟墓位于今天的南京郊区，是国家重点文物保护单位。

郑和在和平调停苏禄和浡泥两国之间的矛盾后离开了苏禄，他在这里的使命已经完成。下一个要访问的国家是苏禄曾经的敌人浡泥，然后是占城（位于今越南）以及爪哇和旧港（位于今印度尼西亚）。随后，郑和前往满剌加（位于今马来西亚）、苏门答腊和南浡里（位于今印度尼西亚）。在这之后又继续前往锡兰（今斯里兰卡）以及小葛兰、柯枝和古里（位于今印度）。

郑和促成了苏禄和浡泥之间的和平

商贸使命

当然，郑和的队伍不仅仅要促进和平。为了从财力上支持这次昂贵的航行，他们还要出售或者交换商品。为此，船上装载了数吨重的货物。此次航行的最终目的地是商贸国家古里，这些商品和货物在此处意义重大。古里位于印度半岛的西海岸，是全世界航海者的重要贸易节点，纷繁独特的商品在这里出售或者交换。中国商人在这里出售的主要是奢侈品，例如瓷器、黄金和丝绸，他们购买胡椒、贵金属和珍珠等特产，并将其带回国转售。

中国船队的随行人员在他们的航行报告中极为详细地描述了古里生气勃勃的贸易活动：首先是异常冗长的讨价还价，这可能会持续三个月之久，直到人们对价格达成一致才开始交换或买卖；当价格确定下来不再变动，第二阶段的交易就非常快了。在讨价还价上，中国人对东道主的计算能力印象深刻：中国商人为了计算会随身携带计算器——算盘；而当地人不需要使用工具，只用上全部的手指和脚趾就能进行复杂的计算，而计算结果令人非常惊奇——总是准确无误。

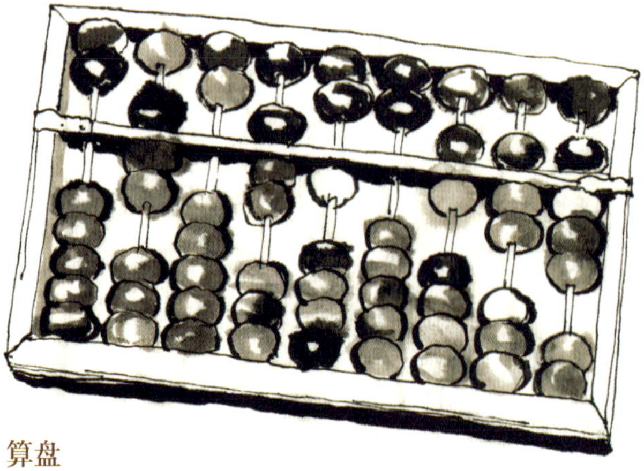

算盘

古里的贸易市场

海外补给站

郑和知道，第一次下西洋之后还会有下一次航行。因此，他考量了这个富裕的贸易国家对于今后航行的战略意义。如果要率领这支庞大的船队抵达非洲大陆，航行将会长达数年之久，那么从中国一次性携带所有食物和饮用水是非常困难的。而这个被古代中国人称为“古里”的海洋大国，就是一个理想的补给站。看到这个可能性后，郑和就开始目的明确地发展两国之间的友好邦交。在按照惯例举行了向国王赠送昂贵礼物和递交国书的仪式之后，郑和在古里立了一块石碑，上面雕刻着以下文字：

其国去中国十万余里，民物咸若，熙皞(hào)同风，刻石于兹，永昭万世。

（译者注：这个国家与我的祖国中国相隔十多万里，但是民风和物产与祖国相似，人们的生活习惯也差不多，今天我把这段话刻在这里，使后人代代知晓！）

这些由皇帝亲自委任的海上将军写下的文字显示出了不同寻常的诚意。因为通常情况下，对有朝贡义务的国家，统治者会明显表露出文化上的优越感。这其实是郑和的一个策略：根据友谊声明，古里国王几乎不能禁止中国人将他的国家当成补给站来使用。最终，郑和以其灵活的外交手段解决了后续航行中水和食物的补给问题。

雕刻在石头上的友谊声明

大战海盗

面对无法无天的海盗陈祖义*时，郑和不再使用和平的外交手段，而是采用了强硬的军事手段。陈祖义来自中国南部的广东省，数年前来到旧港，成为一伙海盗的首领。这伙海盗的规模曾经一度超过万人，拥有近100艘船。他们长期盘踞在马六甲海峡，抢劫满载财物、前往中国朝贡的船只，还袭击了无数的中国商船。

永乐帝的父亲洪武帝朱元璋就曾为打击和抓捕陈祖义而伤透了脑筋。据说，洪武帝曾悬赏50万两*白银（相当于今天的5亿人民币）捉拿这个作恶多端的海盗。尽管赏银数目如此巨

海盗船潜伏在马六甲海峡

大（这笔钱对于财力雄厚的皇帝来说也是一笔不小的数目），但并未达到任何效果。

对当时的郑和而言，准备战斗的时刻到了。因为陈祖义已经将他贪婪的目光投向了皇帝的财富，时机一到就会抢劫宝船。

海盗陈祖义

1407年的夏天，船队从古里返回中国，到达旧港附近时，陈祖义带着他的同伙出现了。在将军郑和的命令下，皇帝的官兵们用烧过的柱石、火箭和燃烧的炮弹同海盗作战。最终，海盗死亡5000余人，10艘海盗船葬身火海，还有7艘严重毁损。陈祖义被捕，并于1407年9月在南京被斩首示众。

永乐帝对郑和的战绩极为满意，旧港大捷令皇帝声望大增。然而此时，马六甲海峡还没有完全处于明朝政府的控制之下。当官兵们还在因战胜海盗获得巨额赏金兴奋不已时，皇帝已经下令必须尽快开展第二次远航。

皇帝的船队大战海盗

郑和

第二次下西洋
（1407—1409）

显露皇恩

皇帝一声令下，郑和和他的船队在短暂的休息之后，于1407年秋末再次从刘家港出发了。这次下西洋的第一个目的地是占城。在完成了惯常的商品买卖和交换之后，船队继续向第二站爪哇进发。郑和在爪哇执行了一道来自永乐帝的圣谕：

远人欲其畏罪则已，岂利其金耶！且既能知过，所负金悉免之。

［译者注：朕仅仅只是希望（来自爪哇的）蛮夷能够忏悔自己犯下的罪，朕岂会贪图他们那一点点谢罪的黄金？爪哇国王既然已经知道自己的过错并认罪，那么他应缴纳的罚金就都免了吧。］

爪哇曾经分裂为东西两部分。郑和第一次访问爪哇时，来自爪哇西部的首领正打算以武力统一整个国家。

当时凡是去过爪哇的明朝人普遍认为，爪哇人非常好斗，传言那里1岁的小孩就已经随身携带刀具。当遇到争执时，他们一言不合就拔刀相向。在那里，谁强谁就有理。据说这个国家还有条奇怪的法律：如果一个人被杀害，凶手必须马上被捉拿并处死；但是，如果凶手在行凶之后成功逃脱，三天之后他就可以逍遥法外，不再被追捕了。

配备武器的小孩

中国士兵伤亡惨重

起初，郑和和他的部下对爪哇东西两个地区之间的战争一无所知。当他们在爪哇海岸登陆时，好战的爪哇人突袭了他们，造成超过170名官兵遇难。

虽然事后爪哇国王对这次突袭事件深表遗憾，但是永乐帝还是向他索要6万两黄金作为补偿。不过，爪哇国王迟迟不肯支付。也许他认为，中国皇帝可能不知什么时候就会把这笔高额罚金忘记。

然而，事情并没有如他所愿：在船队开始第二次远航之前，永乐帝委派自己的官员提醒爪哇国王还有赔偿尚未支付。当永乐帝的远洋船队再次出现在爪哇海岸时，爪哇国王已经无计可施，只得先付了1万两黄金。那么永乐帝的反应如何呢？他免除了余下未支付的5万两黄金。在他看来，比黄金更加贵重的是有朝贡义务的国家统治者对自己权力的认可。只要他们臣服于自己，永乐帝本人很乐于表现得慷慨大方。

继续航行

郑和的船队继续往锡兰和小葛兰方向航行。在像第一次航行那样取道柯枝和古里之前，他们先访问了甘巴里（位于今印度坎贝湾附近）[①]和阿拨巴丹（今印度城市艾哈迈达巴德）。在此之前，这两个位于印度半岛西海岸、崇尚佛教的小国还不知道明朝。那里的人靠种植水稻和捕鱼为生，同中国南方农民相似。郑和的使者将永乐帝的礼物赠予当地国王，并以适当的方式宣扬了中国皇帝的权势。

当时明朝和东南亚国家的交流非常活跃，这从当地人后来保持的生活习惯中可以看出来：在郑和曾探访过的印度海岸，当地居民至今还在使用中国发明的铲斗形状的渔网。

从古里经暹（xiān）罗和高棉归国

同第一次下西洋一样，古里是此次航行最后的目的地，之后开始返航。在返程中，郑和还访问了另外两个国家：暹罗（位于今泰国）和高棉（位于今柬埔寨）。

暹罗是东南亚大国，该国国王致力于同明朝交好，并且定期派遣使节向中国朝贡。同时他又常常威胁周边弱小的邻国，如占城、苏门答腊和满剌加，试图使这些国家臣服于自己，并向自己朝贡。

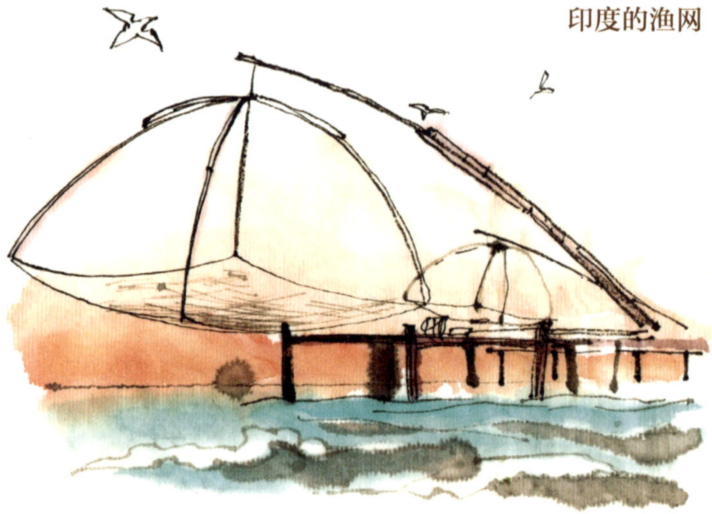

印度的渔网

①也有说法认为甘巴里位于今天印度西南部科英巴托尔一带。——编者注

同古代中国的统治者一样，暹罗国王也希望将战略地位优越的马六甲海峡置于自己的控制之下。不过郑和的船队挫败了这一计划：中国皇帝借口保护受到暹罗威胁的国家，派遣他的远洋船队前往暹罗，郑和的使节在那里同国王进行了严肃的会谈。

郑和的使节是如何将暹罗国王说服的，我们已无从得知。也许是船队的庞大使其心生畏惧。无论如何，1409年夏天，宝船满载贡品，带着暹罗国王的效忠誓言，顺利返回中国。从那时起，马六甲海峡就牢牢地被掌控在明朝的手中。

不过，永乐帝未能亲自接收郑和带回的好消息和暹罗国王的贡品。因为早在数月之前，他已御驾亲征去抗击北方边境进犯的蒙古人了。即便如此，他依旧下达了第三次远航的命令。这一次，郑和的船队要前往位于今天伊朗的忽鲁谟斯。

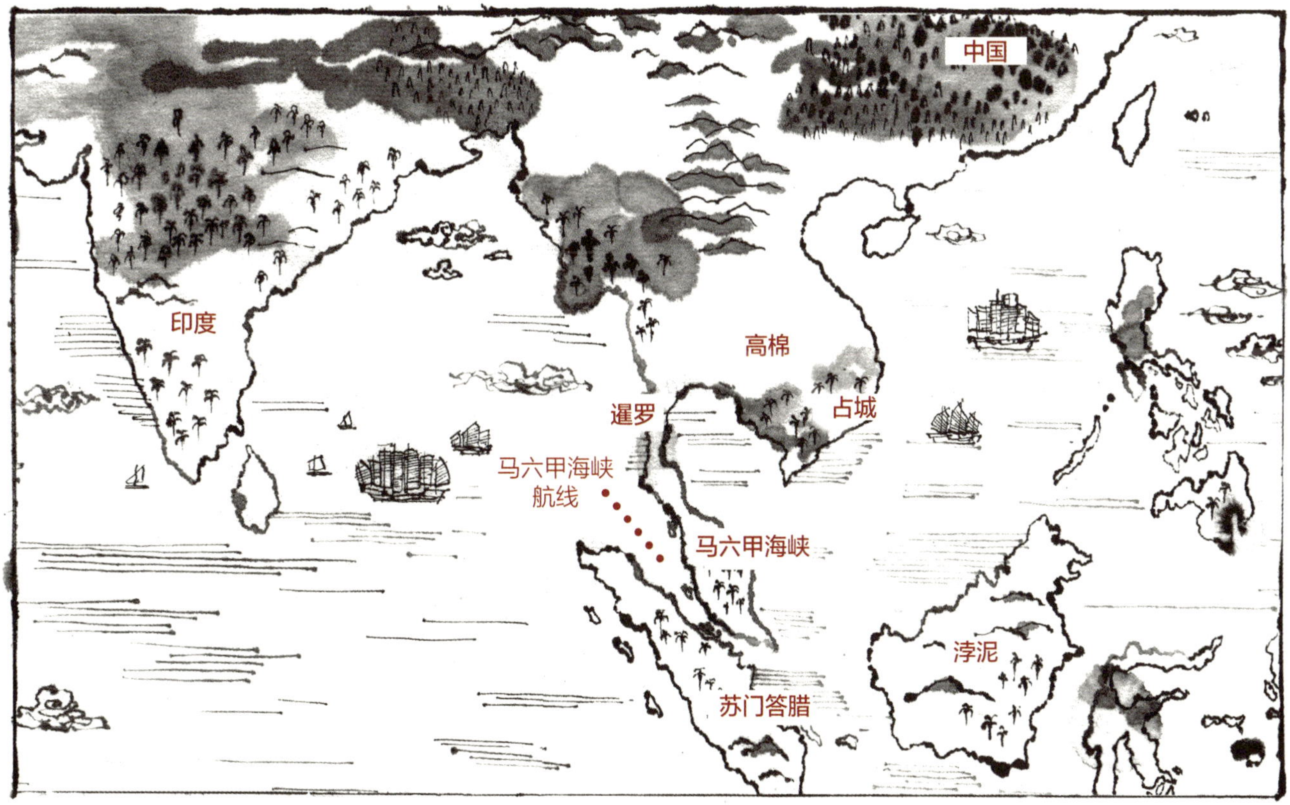

暹罗及其邻国

郑和

第三次下西洋
（1409—1411）

位于满刺加的仓库

1409年10月，郑和在第二次远洋归来仅仅三个月之后，又一次踏上了伟大的征程。他率领船队再次驶向满刺加。为了彰显明朝的至高无上，在一次大型仪式上，满刺加的苏丹获赐了一件刺绣丝绸长袍和一枚银质印章。满刺加由此正式宣告受到明朝的特别保护。暹罗国王获悉后，便不敢再侵犯满刺加。

尽管马六甲海峡已脱离了海盗的控制，但是，途经海峡的所有商船都必须为他们船上运载的货物向满刺加的苏丹缴税。在帮助满刺加获取经济利益的同时，中国并非没有从中获益：与古里一样，满刺加所处的地理位置对远洋船队而言也具有重要的战略意义。船队每一次往返印度半岛都会经过这一港口。对远洋船队而言，这里是建立货物仓库的理想之地。来自浡泥、占城、爪哇和旧港的所有商品都可以暂时存放在满刺加，待船队返程时再带回。

赐给满刺加苏丹的印章和丝绸长袍

因为满剌加的苏丹受明朝的庇护，所以他无法拒绝郑和的船队将他的领土作为一个巨大的仓库使用。当宝船抵达满剌加时，船上的物品被卸下，货物、食品甚至钱财都被存放在一个由双层栅栏和瞭望塔围起来的区域里，该区域中建有仓库，有武装士兵日夜巡逻。可以说，郑和再一次通过政治策略成功巩固和扩大了明王朝的势力范围。

被严密看守的
满剌加仓库

锡兰战役

郑和对锡兰的访问之旅并不太平。在锡兰，有一座著名的供奉着佛教创始人乔达摩·悉达多的庙宇。为了得到佛陀的护佑，郑和带来了金银、丝绸和其他贵重物品。当锡兰国王得知船舱里有许多金银财宝时，他想要将其攫为己有。郑和当然不会答应锡兰国王的这一专横要求，于是锡兰国王暗中派出5万士兵准备劫夺宝船。然而此事被郑和的手下事先得知，由于敌方人数占据优势，郑和决定避免与之正面交战。他让3000名官兵悄悄上岸，走小道，出其不意地攻打锡兰都城，并擒获了锡兰国王。尽管采取了这样巧妙的计策，两国的士兵仍然在多地展开了激烈的战斗，双方伤亡惨重。最终，郑和的策略取得了胜利，人数上明显处于劣势的明朝官兵，带着被俘虏的锡兰国王成功撤离了该国。

在锡兰发生的事件导致第三次下西洋的旅程被迫中断，船队带着俘获的锡兰国王回到了中国。尽管没有到达原定的目的地忽鲁谟斯，但永乐帝仍然对郑和的此次出行感到满意——他的船队再一次令人印象深刻地彰显了明朝的强大。在锡兰战场上幸存的官兵们得到的赏赐，甚至比击败臭名昭著的海盗陈祖义的更为丰厚。

永乐帝对待俘虏的方式令人惊讶：他并没有将锡兰国王处以死刑，而是将他遣返回国。尽管这位国王不得不将王位让给他的亲属，但他终究得以保全性命。永乐帝的这一不同寻常的举动，使得周边各国对明朝皇帝的仁慈和气度极为钦佩。

擒获锡兰国王

郑和

第四次下西洋

（1413—1415）

向中国皇帝进献宝马

兵分两路

第四次航行首先到达了之前访问过的占城、暹罗、爪哇、旧港、满剌加和苏门答腊等国。到达苏门答腊后，郑和决定将他的船队分成两支，以苏门答腊为起点分别去往不同的目的地。返程时，两支船队将在苏门答腊集结，一同返回中国。

郑和率领其中一支船队沿着既定航线继续航行，他们途经南浡里、锡兰、柯枝驶向古里。从古里起，船队从印度半岛的西海岸一路向西北方向航行，前往阿拉伯。这一次，船队到达了忽鲁谟斯。忽鲁谟斯港口同样位于海上贸易的交通冲要，该国国王也获得了明朝皇帝赐予的印章和宝物，并正式承认明朝的地位。这一屡试不爽的方法再一次取得了成功：忽鲁谟斯国王答应派遣使节前往中国，向皇帝进献马匹和其他贡品。这意味着，又一个外族国家臣服于大明王朝。

此次正式访问后，郑和的船队再次兵分两路。这位海上将军和诸多商人一道留在忽鲁谟斯，用瓷器和丝绸交换宝石、水晶、珍珠和彩色的毯子，而他的心腹则继续向南驶往剌撒（位于今索马里泽拉一带）[1]和大型贸易枢纽——阿丹

①关于剌撒的位置历来说法不一，本文采取其中一种说法。——编者注

狡猾的猴子

（位于今也门亚丁湾一带）。

多亏了随行翻译马欢*，我们才能对当时途经国家的习俗和传统有所了解。马欢精通阿拉伯语和波斯语，他和郑和一样，也是一名穆斯林。马欢详细记录了他的见闻，比如在忽鲁谟斯，马欢惊异于当地市场的生机勃勃：遍地都是食品摊位，有烤鸡肉、烤羊肉、煎饼和其他各色面食；野生的猫科动物和熊被关在笼子里展示，受过训练的动物则在街头表演马戏。

其中，一只山羊表演的特技令马欢印象深刻：这只山羊一开始躺在地上装死，但当有人提出让它动一下前蹄时，它就会照办；同样地，它也会按照人的指令移动后蹄。马欢还记录了一只黑猴子的绝招：先用布将猴子的眼睛蒙上，然后让一名观众敲一下它的头；当猴子眼前的布被拿开后，它立即在人群中认出了那名观众。

在阿丹，马欢再次被当地工匠的精湛工艺迷住了，并认为他们是世界上最好的工匠。据他描述，这个国家的妇女非常富有，她们全身上下佩戴着由金、银及其他材料打造而成的珠宝首饰。

她们的脖子上佩戴着宝石、珍珠和缎带；耳朵上挂着四对金耳环，上面还镶着珍珠；手臂上戴着镶有珍珠的金手镯；甚至她们的脚趾上也戴着趾环。

装饰华丽的女人

抵达非洲

与郑和在苏门答腊分开的那支船队继续向西南方向行驶，他们希望能在海洋的尽头发现未知国度。这支船队最先驶向了位于印度洋中部的马尔代夫群岛。在这个伊斯兰国家，中国人主要购买了椰子和龙涎香。

任务完成后，船队横穿印度洋，驶向了未知的海岸。在海上航行15天后，他们抵达了非洲大陆的东海岸。宝船从未到达过如此遥远的地方：船队航行的距离是过去航程的两倍。原来早在葡萄牙航海家越过好望角的大约100年前，中国人就已通过海路抵达过印度和非洲！

尽管在欧洲历史上，瓦斯科·达·伽马*被认为是印度航海路线的开拓者，并被当作英雄一样赞颂，认为他是登陆东非海岸的第一人（乘坐相对小型的船只），可早在这之前，中国人就已经在皇帝的派遣下驾驶着笨重的中国式帆船完成了这一冒险之旅。

在这片黑色大陆上，郑和的下属一共到访了三个地方：木骨都束和卜剌哇（位于今索马里）以及麻林地（位于今肯尼亚）。之后船队满载着朝贡给皇帝的礼物回到了约定的集结地。

瓦斯科·达·伽马的船只与郑和船队的中国帆船相对比

传说中的“麒麟”*

1415年春天，两支船队按照约定在苏门答腊集结，并于5月返回中国。船上载有来自非洲的千里马、狮子、黑豹、骆驼、鸵鸟和其他异域动物，此外还有一只在中国前所未见的怪异生物——长颈鹿，这只异兽的出现使它周围的其他异域珍宝都黯然失色。

在当时的都城南京，这只奇异的动物引起了所有人的注意。根据它皮毛上的花纹，许多中国人认为这就是麒麟，一种中国神话中头上长有龙角，皮毛呈鳞片状的神兽。传说麒麟代表祥瑞，只出现在太平盛世。人们将这只长颈鹿当作上天的意旨，认为它的出现昭示了明朝统治的正统性和永乐帝的绝对权力。

皇帝的瑞兽？

郑和

第五次下西洋
（1417—1419）

为异域使节护航

1417年，永乐帝命令他的海上将军郑和进行第五次航行。这次航行有一项特别的任务，即以庄严的方式护送近20个国家的使节归国。还有什么能比皇帝的“海上的漂浮宫殿”更好地完成这项任务吗?

这次，船队没有在太平港等待冬季季风，而是选择从泉州*出发。这里埋葬着先知穆罕默德的两位门徒，他们在7世纪时作为传教士被派往中国。在启程前，郑和与诸多外国使节（其中有许多人是穆斯林）一道参观了圣墓。通过此举，来访的使节了解到，中国皇帝并不限制臣民的宗教信仰自由。

永乐帝与苏禄国王

趁冬季季风来临之际，船队先是穿越了中国的南海，之后通过马六甲海峡再次来到苏门答腊。跟上一次航行一样，郑和将船队在苏门答腊分为两队：其中一队经印度半岛驶向阿拉伯，另一队则再次访问东非海岸。郑和率领部下将所有使节都光荣地送回了他们的家乡，随后船上又搭载了新的使节和贡品。

郑和还奉命在柯枝为当地的国王举行了加冕仪式。与此同时，永乐帝在本国接见了苏禄国王——苏禄国王率领眷属及侍从共340余人觐见了永乐帝。可惜，同先前到访的浡泥国王一样，这位苏禄国王也没能从中国返回家乡，他在回国途中身故于中国今天的山东省。

远航的荣耀

一年半之后的1419年夏季，郑和再次返回南京并拜见了永乐帝。永乐帝可能会惊异于郑和带回的一座几乎完整的动物园：这里有来自波斯湾和非洲国家的骆驼、鸵鸟、斑马、狮子、豹子以及其他各种异域动物，中国人此前从未见过它们！除此之外，郑和还带回了“神兽”——长颈鹿。永乐帝被欢呼的人群和各国使节围在中间，这是他统治的巅峰时刻。在他统治期间，明朝迎来了其父辈当初梦寐以求的盛况：万国来朝，四海臣服——中国真正成为世界的中心。

永乐帝并没有忘记给他和他的国家带来无上荣耀的海上将军郑和以及他率领的船队。除了给他们加官晋爵，赐以丰厚赏赐外，他还下令再造40艘帆船。船队自然还要开始新的征程。

来自异域的贡品

郑和

第六次下西洋

（1421—1422）

四海臣服

不过，永乐帝并不急于下令开始第六次远航，因为他想让外国使节在中国多逗留一段时间，然后再由船队护送他们回国。

这其中的主要原因是明朝要迁都了。早在1406年，永乐帝就决定将明朝的首都从南方的南京迁至北方的北京。1420年底，迁都的时刻终于到来了，此时恢宏的皇家宫殿已经竣工。

永乐帝带着他的宾客们一同前往北京，在那里，他向使节们展示了他下令建造的金碧辉煌的宏伟宫殿和巍峨壮丽的寺庙。中国皇帝又一次将本国的强盛展现在了世人面前。为了进一步加深这种印象，1421年，永乐帝还将大量的丝绸和银器赏赐给了即将启程归国的各国使节。

在东北季风到来之际，郑和的船队再次起航了。整个过程基本上都在按照惯例进行：郑和和他的部下先将使节送回，再在当地交换或购买商品，最后向国王赠送皇帝的礼物并接受各国的朝贡。

恐遭天谴

1421年，一朵乌云笼罩在天子的头顶上：刚刚落成的紫禁城发生了火灾。尽管被烧毁的宫殿很快得以修复，但仍然有人将这场火灾看作不祥之兆。他们认为，这是上天在向当朝统治者表达不满。

永乐帝向他的大臣们征询意见。其中一人鼓起勇气，说出了他认为的招致上天惩罚的三个原因：远洋船队的多次远航、外国使节长期在中国逗留以及建造豪华的宫殿——上述每项都耗费了大量的人力物力。

然而这些恰恰都是永乐帝引以为傲的事业。皇帝龙颜大怒，将这位谏臣打入了大牢。但是，没过多久，谏臣就被释放了出来，因为永乐帝认识到，他的意见是正确的。

批评皇帝是危险的

紫禁城里的熊熊大火

永乐帝开始缩减开支，他决定不再买入奢侈品。除此之外，他还决定推迟接下来的航海计划。永乐帝原本打算过一段时间之后再命令他的远洋船队开展下一次远航。然而，他却再也没有这个机会了。1424年，郑和听闻噩耗：他的君王兼赞助者在远征蒙古的一次战役中死于中风，享年65岁。

对于郑和而言，永乐帝的逝世不仅仅意味着个人悲剧的开始，也意味着他再次指挥船队将变得遥不可期。郑和的敌人试图在朝堂上败坏他的声誉，并且竭力说服新皇帝不再进行海上航行。不仅如此，曾经被永乐帝忽视的儒家弟子也重新树立了自己的影响力，他们奉行的正是严苛的财政紧缩政策。从此，这支庞大船队的出海航行计划不再是朝廷关注的重点。

郑和

第七次下西洋
（1431—1433）

偃旗息鼓

永乐帝的儿子朱高炽*即位后，改年号为洪熙*，他听取了大臣的意见，下令停止耗资巨大的远洋航行。按照皇帝的命令，郑和的船队只能停泊在刘家港。曾经负责建造和修理船舶的造船厂被关闭，海员被遣散回家。那些曾在郑和的指挥下抵御海盗并参与其他战斗的官兵全部被分配到了普通军队。

海上将军郑和本人则被任命为旧都南京的军事指挥官，因为新皇帝打算将首都从北京迁回南京。与他的父亲不同，洪熙帝登基前一直生活在南京，他认为那里更为舒适。为此，他在南京重新修建了宫殿，以便一年后能够在那里执政。可惜这一愿望永远无法实现了，这位新皇帝于1425年5月在北京逝世，在位时间尚不足一年。

永乐帝和他的孙子（宣德帝*）

后继有人

洪熙帝的儿子朱瞻基*继承了皇位，年号宣德，意思是“宣扬美德”。当时的财政大臣劝谏新皇帝，国库空虚，须节省开支。为了践行“宣扬美德”的口号，他自然要遵循大臣的这一建议。

宣德帝是一位非常尽责的皇帝，他也是伟大的永乐帝最喜欢的孙子。他的祖父一定曾向他讲述过许多关于宝船和船员们的冒险故事。于是，在对内进行了五年卓有成效的治理后，1430年，在当时的财政大臣去世后，宣德帝下令让其祖父的海上将军郑和再次率领船队出海远航。

最后一次航行

1431年11月，船队从太平港启程。这一次，船队的主要任务是：向其他国家宣布宣德帝登基以及重新将朝贡国家纳入管辖。之所以这样做，是因为郑和已将近10年不曾去过东南亚、印度和阿拉伯，更不要提非洲了。当时，只有少数几个藩国还在定期向朝廷缴纳贡品。除此之外，暹罗等东南亚国家再次试图侵扰邻国。更为严峻的是，明朝和郑和途经国家之间的贸易往来几乎陷入停滞状态——这一切都必须做出改变。

郑和再一次稳固了朝贡国家之间的政治秩序，明朝与各国之间的贸易关系也迅速得以恢复。在锡兰，郑和将船队分为三个小队：一队驶向马尔代夫；一队则重新踏上郑和曾经行驶过的航线，即经由阿拉伯航行到忽鲁谟斯；第三支船队去往古里，并在那里又分离出一支由7名穆斯林朝圣者组成的小代表团——翻译马欢也在其中——继续航行至红海，最终抵达圣地麦加。这条朝圣航线既漫长又危险重重，船员们整整耗时三个月才抵达目的地。

1433年6月，船队再次返航回国。历史学家猜测，郑和此时已经去世了。他可能是在返航途中逝世于船上的，享年62岁。

麦加

郑和

郑和的遗产

南京的空墓

郑和是人类历史上最伟大的航海家之一。但直到大约100年前，人们才逐渐意识到，郑和七下西洋和当时的造船技术、航海技术，以及跨越国界的贸易交流所具有的重大意义。

在中国，郑和像大众偶像一样有名。同时，在新加坡、马来西亚和印度尼西亚，人们也为这位来自中国的英雄竖立纪念碑，建造纪念馆和庙宇，举办展览，撰写文章和书籍，拍摄影片，发行印有郑和人像的纪念币和印有郑和下西洋图的邮票，甚至还将他的故事搬到了戏剧和音乐剧的舞台上。

远洋船队到访过的国家并非始终都臣服于中国的文化和威严，郑和的外交成果并没有维持很久。后来各国逐渐停止朝贡，明朝晚期的经济崩溃也压垮了朝廷。尽管如此，我们必须承认，对于某些国家，倘若没有中国皇帝在此宣称其至高无上的统治权，历史将大有不同。如果没有明朝的干预，暹罗可能已经征服了整个马来半岛，并将邻国也置于其控制之下……

郑和像、欧洲某剧院的郑和形象木偶、印有郑和人像的纪念币，以及印有郑和下西洋图的邮票

在中国，尽管对于这位伟大冒险家的研究正在紧张有序地进行，但仍有许多谜题至今都没有解开。例如，人们至今不知道郑和到底被埋葬在了哪里，也许他根本就没有入土为安，而是已经身归大海。虽然我们不知道郑和的归处，但是在南京仍矗立着一座属于这位航海家的陵墓。1985年，正值纪念郑和第一次下西洋580周年之际，南京市政府全面重修了郑和墓。通往陵墓的楼梯有四层，每层楼梯建有七级台阶。这些数字象征着郑和在28年间的7次探险中走过了40多个国家。墓顶雕有阿拉伯文的“安拉伟大”几个字。从上方俯视就会发现，陵墓形似中国的汉字“回”，这代表着他穆斯林的身份。不过郑和的遗体并不在里面，坟墓里只有几件他曾经穿过的衣服。

南京的郑和墓

让人意外的是，这项耗资巨大且必然被详尽记录的探险活动，如今却几乎没有任何资料留传下来。即使明朝没有充足的资金继续用于海上航行，但这也无法解释为什么船只的草图和蓝图、航海日志以及所有有价值的记录都消失得无影无踪。它们被蓄意销毁了吗？如果事实果真如此，那又是为什么呢？

有人推测，可能是郑和在朝廷中的敌人做了手脚。他们为了抹去郑和的丰功伟绩，使其被历史遗忘，从而销毁了所有的资料。

直到今天，研究人员还在不懈地通过少量已出土的文物和文献记载复原宝船的外观。郑和船队的近300艘船无一被保存下来，除了船舵以外，人们没有任何其他发现。人们只能基于稀少的文字记载进行仿造，可这些仿制品与郑和那个年代的原件差别很大。另外，船队到底行驶到多远的地方也存在争议：他们是否抵达了澳大利亚，甚至在哥伦布之前就发现了美洲大陆？他们的船只穿越了大洋吗？他们还经历了哪些不为人知的冒险？没有人知道这些问题的答案。

大国风范

如今，中国政府铭记历史，借鉴永乐帝下西洋的政策，与邻国保持和睦友好的关系。经历了6个多世纪的风云变幻，中国在经济和科技方面又重回领先地位，全世界再次看到了这个伟大的国家是如何崛起为世界强国的。如今，郑和在中国象征着包容互鉴的大国形象，被当作各民族和谐共处、增进共识的使者。

今天，科技飞速发展的中国以“与他国和平共处，不干涉其内政”的形象给世界留下了极为深刻的印象，为世界各国外交和全球事务做出了榜样。

郑和

附 录

词汇表 （按对应的汉语拼音首字母进行排序）

白莲教　中国古代的一个教派。从白莲教中产生的红巾军，领导了反抗元朝统治的起义。

北京　字面意思是“位于北部的都城”。在中国历史上，首都的所在地多次南迁，又多次迁回北京。在元朝和明朝永乐帝统治时期，北京是当时的首都。北京的名称也几经变更：在元朝统治时期，北京被称为“大都”；在明朝洪武帝统治时期，被称为“北平”。如今北京是人口约2154万的大都市，中国的首都。

北平　自洪武帝朱元璋统治时期到1403年，北京一直被称为“北平”，后来在1928—1949年又一次被称为北平。从字面上看，北平的意思是“北方平定”。

朝贡　朝贡者通常臣服于对方政权。比如外族国家向中国皇帝上缴贡金，同时也会获得皇帝的回礼以及军事保护。

陈祖义　一个臭名昭著的海盗，主要打劫通过马六甲海峡的船只。郑和成功地抓住了他。

成吉思汗　最著名的蒙古首领（可汗），生活在约1162—1227年间。

大都　元朝时期的都城，故址在今北京城区北部及城北近郊。

风水师　在古代，风水师通过识别土壤、石头和地面的纹理与状态，进而做出预言。在中国古代，人们认为他们是自然科学家。一些风水师曾追随郑和出海探险。

干船坞　一个封闭的水池，用于船只的建造、修理和改装。水池通过防水闸门与相邻的河流或海洋隔开。如果船只需要出海，水池就会灌入水，让船只驶离船坞。

工　在传统儒家思想倡导的社会等级制度中，工排在士和农之后，是社会的第三阶层。

故宫　位于北京的中心位置，按照永乐帝的命令，建于1406—1420年间。故宫也被称为紫禁城，这个称呼一直沿用至今。紫禁城名字的由来有两个：一个是“紫”象征着天上的紫微星，而紫微星被古代中国人认为是“众星之主”，代表着皇帝；另外一个是这里很长一段时间都禁止平民百姓入内。

横帆　一种横于船身安装的船帆，与纵帆的安装方式不同。顺风时，风从后面吹来，推动船只前进。

红巾军　元朝时期，民间发生了严重的饥荒。紧接着又发生了黄河决堤，许多汉人被派去修筑堤坝。他们在那里成立了反抗蒙古族的秘密团体，并头裹红巾作为标志，沉重打击了元朝的统治。

洪熙　朱高炽继承皇位后的年号，他是永乐帝的儿子。

坏血病　一种曾经常见于远航水手中的疾病，由海上长期缺少含有维生素C的食物所致。典型的症状包括牙齿脱落、发烧和腹泻等，长期缺乏维生素C甚至可能导致死亡。郑和在他的船上培育了富含维生素C的豆芽，使得他的船员免受坏血病的困扰。

黄河　长约5464千米，是中国第二长河，世界第五长河。流经中国黄土高原地区时，众多小河和溪流夹带着泥沙和其他杂质汇入河中，使河水呈现黄色，由此得名黄河。

回族　中国的55个少数民族之一。他们主要讲汉语，就连外貌和文化也与汉族相差无几。回族人生活在中国的各个地方。他们大多数住在清真寺周围的居民区和村庄里。

季风 风向随着季节改变的风，对航海非常重要。

建文帝 名叫朱允炆，明朝的第二任皇帝，是洪武帝朱元璋的孙子，于1398—1402年间执政。后来他的叔叔朱棣（后来的永乐帝）发动兵变夺取了他的政权。

可汗 蒙古族统治者的称谓。可汗的意思是指挥官或首领。中国历史上著名的可汗有成吉思汗、忽必烈等。

昆阳 郑和的出生地，位于今天中国南方的云南省。

两 东亚传统的质量计量单位，中国在汉代之前已经开始使用。

刘家港 1405年，郑和第一次航海时的出发港口。

六分仪 一种测量工具，在海上航行中用于测量地平线与天体之间的角度，以此在海上定位。它的名称来自仪器的框架是一个60° 的扇形。中国海员使用的星盘是简化的六分仪，两者的操作原理类似：根据星盘的高度，观察者通过测量地平线和天体之间的夹角，来确定自身在海上的位置。

龙骨 中国帆船底部装配的长木架。如果帆船底部触礁，龙骨能防止帆船受到严重损坏。

龙血树脂 一种红棕色的树脂，被用作颜料或者涂料，也可以用作草药。

麻那惹加那乃 于1402—1408年间担任浡泥国（今文莱）的国王，在对中国进行友好访问期间逝世于南京，享年28岁。位于南京的浡泥国王墓如今是中国国家重点文物保护单位。

马欢 在郑和的海上航行中担任翻译。他在《瀛涯胜览》一书中讲述了他在航行中的各种见闻，内容除了涉及对途经国家的地理、自然的描述，还有对当地交通、文化、法律制度、宗教仪式、经济状况、习俗和生活习惯的记录。

马六甲海峡　位于东南亚的一条海上航道，以港口城市马六甲命名。著名的海盗陈祖义一直在那里胡作非为，打劫过往船只，直到他最终被郑和抓获。

蒙古族　明朝时期，蒙古族是生活在中国以北的草原上的游牧民族。对于明朝而言，他们是永久的威胁。如今蒙古族是中国的少数民族之一，大约有650万人口（2010年）。

庙号　有些中国皇帝在去世后会得到一个庙号，用于祭祀时称呼。庙号起源于商朝，这一制度在汉朝时得到沿用，但并不普及。庙号制度真正开始施行是在唐朝。由此可见，一个中国皇帝可以在历史上留下三个名字：原名、年号和庙号。

明朝　中国历史上的一个朝代，于1368—1644年间统治中国。明朝的第一位皇帝是洪武帝朱元璋。

南京　字面意思是“位于南部的都城”，如今是中国江苏省的省会。南京在中国历史上是很多朝代的都城。

农　根据儒家思想，农民地位在士之后，构成了社会的第二阶层，因为他们的劳动确保了国内的粮食供给，为社会做出了宝贵的贡献。

麒麟　一种神话中的动物，拥有各种动物的身体部位：龙头、鱼鳞、牛蹄，有时候还有鹿角、鲤鱼的口须和狮子的尾巴。麒麟是古代中国人心中的神兽。当郑和从航海途中带回一只长颈鹿的时候，人们以为见到了麒麟。

泉州　位于今天的中国沿海省份福建省的东南部。在明朝时期，泉州是中国重要的港口城市之一。

儒家思想 代表人物孔子是中国最重要且最著名的哲学家，生活在约公元前551—公元前479年间。他的哲学核心思想是“仁”。后世儒家弟子对孔子的学说做了补充。

商 根据儒家思想，商人只交易别人生产出来的商品，其自身并没有生产出任何东西，因而他们处于社会的最底层。此外，过去人们通常认为，商人是贪婪和不道德的，因此在古代中国，从事这一职业的人普遍受到轻视。

史官 为后代记录重要历史事件的官员。史官也记录了郑和下西洋这一事件，但这些记录几乎全部遗失了。

士 根据儒家思想，士是古代中国社会的最高阶层。只有经过长期的教育，并且通过严格考试的人，才能成为士。

天坛 北京的标志性建筑之一，1420年由永乐帝朱棣下令建造。明、清两朝的皇帝每年都在这里祈求五谷丰登。1998年，天坛被联合国教科文组织列入世界文化遗产名录。

瓦斯科·达·伽马 葡萄牙航海家，生活在大约1469—1524年间。在西方，他被认为是发现通往印度的海上航线的英雄。

宣德帝 名字叫朱瞻基，明朝的第五位皇帝，是永乐帝的孙子，于1425—1435年间执政。他促成了郑和的最后一次航行。

永乐帝 朱棣（1360—1424），明朝第三位皇帝，也是明朝最著名的皇帝之一。他下令在北京修建了著名的紫禁城，并派遣巨型船队远洋探险。除此之外，著名的《永乐大典》也是他下令编撰的。

元朝 中国历史上的一个朝代，于1279—1368年间统治中国，由蒙古族的可汗忽必烈建立。元的字面意思是“开始”。

元世祖　元朝皇帝忽必烈的庙号，意思是“元朝的始祖”。

郑村坝　曾经是北京的郊区，在那里发生了朱棣反对他的侄子建文帝的重要战役。因为马和的功绩对朱棣取得胜利起了很大的作用，为表纪念，朱棣将当地的姓氏“郑”赐给马和，从此马和改名为“郑和”。

朱标　明朝皇帝洪武帝的太子，也是朱棣的大哥。

朱高炽　参见“洪熙”。

朱樉　洪武帝的第二个儿子，朱棣的哥哥。

朱允炆　参见“建文帝”。

朱瞻基　参见“宣德帝”。

参考文献

Edward L. Dreyer, Zheng He: China and the Oceans in the Early Ming Dynasty, 1405-1433, New York, 2007.

John K. Fairbank, Tributary Trade and China' s Relations with the West. In: The Far Eastern Quarterly, Vol. 1, No. 2 (Feb. 1942), S. 129-149.

Jinmin Fan und Tian Wu, Zheng He, Nanjing, 2011（范金民、吴恬：《郑和》，南京，2011年版）.

Xin Fei, Xingcha Shenglan, www.guoxue123.com/biji/ming/0000/061.htm（费信：《星槎胜览》）.

Guowei He und Longfei Xi, -ber Zheng Hes Flotte, www.economy.guoxue.com/?p=905 （何国卫、席龙飞：《试论郑和宝船》）.

Joseph Kahn, China Has an Ancient Mariner to Tell You About, The New York Times (20.7.2005), www.nyti-mes.com/2005/07/20/international/asia/20letter.html.

Louise Levanthes, When China Ruled the Seas: The Treasure Fleet of the Dragon Throne, 1405-1433, New York, 1994.

Huan Ma, Yingya Shenglan, www.guoxue123.com/biji/ming/0000/081.htm（马欢：《瀛涯胜览》）.

Marc Mancall, The Ch' ing Tribute System: An Interpretive Essay. Harvard-Yenching Institute Studies, Vol. 19. In: The Chinese World Order: Traditional China' s Foreign Relations (John K. Fairbank, Hrsg.), Cambridge MA, 1968.

Joseph Needham, Science and Civilization in China. In: The Cambridge History of China, Vol. 4, Part III, Section 29, Nautical Technology, S. 486-529, Cambridge, 1971.

Roderich Ptak, Die chinesische maritime Expansion im 14. und 15. Jahrhundert. In: Kleine Beiträge zur europäischen Überseegeschichte (Thomas Beck, Hrsg.), Forschungsstiftung für europäische Überseegeschichte e.V., Bamberg, 1992.

Cunlong Shi, Forschungen über die Anzahl von Zheng Hes Seefahrten, www.moc.gov.cn/2006/zhenghe/kycg/yanjiucg/t20040325_12419.htm（施存龙：《郑和下东西洋次数研究》）.

Jingfeng Sun und Jinyu Li, Über die dreihundertjährige Ming-Dynastie，Beijing，2007（孙景峰、李金玉：《正说明朝三百年》，北京，2007年版）.

Jienan Wang, Zheng He Xia Xiyang, Beijing, 2010（王介南：《郑和下西洋》，北京，2010年版）.

Hesheng Zheng und Yijun Zheng, Zusammenstellung der Materialien über Zheng Hes Seefahrten, Beijing, 2005（郑鹤声、郑一均：《郑和下西洋资料汇编》，北京，2005年版）.

图片来源

忽必烈，第7页：阿尼哥，1294年。 Artdaily. org，资料不详。 Wikimedia Commons/Eugene，2010年。

洪武帝朱元璋——明朝的建立者，第14页：宫廷画像，14世纪。 Wikimedia Commons/Louis Le Grand，2011年。

中国人的世界观，第19页：资料不详。 Hermann Kienesberger，2012年。

永乐帝，第30页：宫廷肖像，明朝。来源：Chronicle of the Chinese Emperors, Ann Paludan，伦敦：Thames & Hudson，1998年。 Wikimedia Commons/Louis le Grand，2006年。

北京天坛的祈年殿，第32页：Saad Akhtar（新德里），2004年。Wikimedia Commons/Badseed，2008年。

英国海军旗舰“胜利号”（HMS *Victory*），第42页：约1900年。Wikimedia Commons/Makthorpe，2006年，来源：http://www.loc.gov/pictures/resource/ppmsc.08801/。

宝船的现代仿制品，第48页：作者个人收藏。

郑和的航海图，第52页：资料不详。Wikimedia Commons/Kameyou，2010年。

龙涎香产自抹香鲸的消化道，第56页：Zeichnung eines Pottwals und einen Klumpens Ambra[sic]，铜质雕塑，1753年。 Wikimedia Commons/Huhu Uet，2010年。

麦加，第111页：Hubert Sattler绘，1897年，http://www.salzburgmuseum.at/197.html。Wikimedia Commons/AndreasPraefcke，2010年。

郑和像，第114页：资料不详，现藏于泉州海外交通史博物馆内，http://www.flickr.com/photos/jonjanego/2777527481/，2008年。 Wikimedia Commons/Tomchen1989，2010年。

欧洲某剧院的郑和形象木偶，第114页：版权归属Karin Schäfer Figuren Theater, www.figurentheater.at。

印有郑和人像的纪念币和印有郑和下西洋图的邮票，第114页：作者个人收藏。

作者和插画家

翁琪出生于上海，现与她的家人生活在德国波恩。她的专业是德国语言文学，曾在中国和德国的多所高校教授德语和中文。她还是一名编辑、翻译和作家。

诺拉·弗里施出生于奥地利维也纳，现生活在德国斯图加特。她曾在维也纳、北京、台湾和海德堡学习中国文化和音乐。2010年10月，她在德国南部的小城埃斯林根创立了龙舍出版社。

格雷戈尔·克廷是上海“爱豆笔此设计工作室”双人艺术组合的成员之一。这位出生于德国德累斯顿的艺术家，在他的历史插画中展现出了娴熟的技艺、对细节的考究和对精致的追求。

图书在版编目（CIP）数据

换个角度看历史．郑和 / 翁琪，（德）诺拉・弗里施著；（德）格雷戈尔・克廷绘；林芳芳译．— 贵阳：贵州人民出版社，2020.6（2023.9 重印）
ISBN 978-7-221-15967-0

Ⅰ．①换… Ⅱ．①翁… ②诺… ③格… ④林… Ⅲ．①中国历史－通俗读物②郑和（1371–1435）－生平事迹－通俗读物 Ⅳ．① K209 ② K825.89-49

中国版本图书馆 CIP 数据核字 (2020) 第 064270 号

著作权合同登记图字：22-2020-054 号
审图号：GS（2019）6081 号

Author and title of the original edition:
Der Admiral des Kaisers. Die Abenteuer des Eunuchen Zheng He.
Author: Weng Qi, Nora Frisch
Illustrator: Gregor Körting

HUANGE JIAODU KAN LISHI: ZHENGHE
换个角度看历史：郑和
翁琪，（德）诺拉・弗里施 著；（德）格雷戈尔・克廷 绘；林芳芳 译

出 版 人：朱文迅
选题策划：北京浪花朵朵文化传播有限公司
出版统筹：吴兴元
营销推广：ONEBOOK
责任编辑：李文斌
特约编辑：陆　叶
装帧制造：墨白空间・唐志永
出版发行：贵州出版集团 贵州人民出版社
地　　址：贵阳市观山湖区会展东路 SOHO 办公区 A 座
印　　刷：天津图文方嘉印刷有限公司
版　　次：2020 年 6 月第 1 版
印　　次：2023 年 9 月第 4 次印刷
开　　本：889 毫米 × 1194 毫米 1/16
印　　张：8.75
字　　数：70 千字
书　　号：ISBN 978-7-221-15967-0
定　　价：88.00 元

读者服务：reader@hinabook.com 188-1142-1266
投稿服务：onebook@hinabook.com 133-6631-2326
直销服务：buy@hinabook.com 133-6657-3072
官方微博：@ 浪花朵朵童书

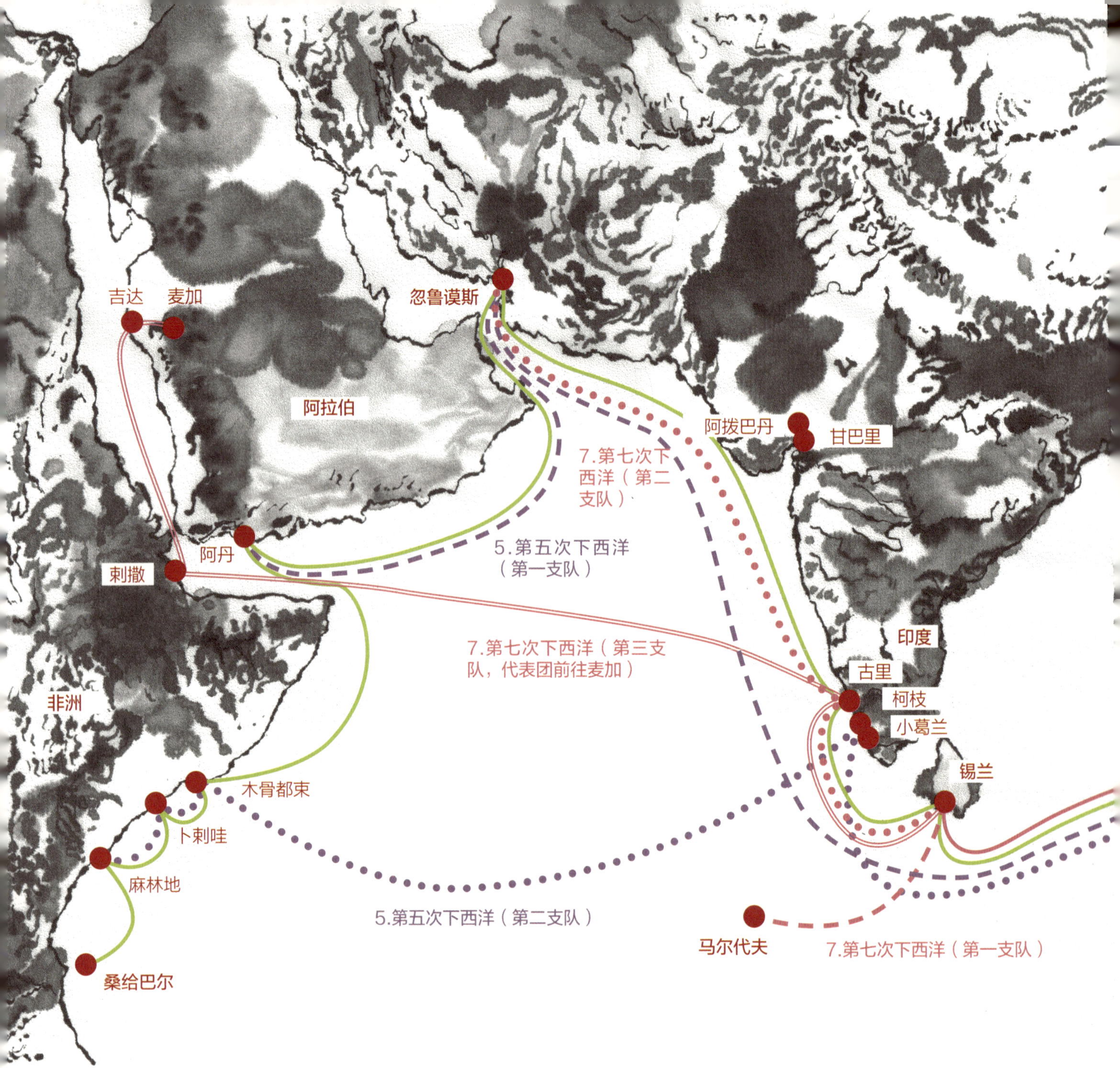

吉达
麦加
忽鲁谟斯
阿拉伯
阿拨巴丹
甘巴里
7.第七次下西洋（第二支队）
阿丹
5.第五次下西洋（第一支队）
刺撒
印度
7.第七次下西洋（第三支队，代表团前往麦加）
古里
柯枝
小葛兰
非洲
锡兰
木骨都束
卜剌哇
麻林地
5.第五次下西洋（第二支队）
马尔代夫
7.第七次下西洋（第一支队）
桑给巴尔